武器としての FX

田畑 昇人
written by shoto tabata

扶桑社

プロローグ

個人投資家としての第一歩を踏み出したのは、今からおよそ10年前。ＦＸと出会って相場の世界に足を踏み入れたことがきっかけでした。

「大学３年生からトレーディングを始め、わずか50万円を９か月で１０００万円に」

大学院在学中にメディア出演することになり世間の注目を浴びた僕は、気付けば『東大院生が考えたスマートフォンＦＸ』を出版することに。そのまま就職せずに、現在まで個人投資家としてキャリアを歩んでいます。

そんな僕のデビュー戦は、アルバイトで貯金した20万円を握りしめて１か月で溶かすことから始まりました。決して順調な投資生活のスタートとは言えません。

しかし、そこから寝食を忘れて相場の研究に没頭。「時間帯による値動きのクセ」と「オアンダのオープンオーダー」を武器に快進撃を続け、学生ながら１０００万円という大金を稼ぎ出すに至ったのは、前著に記した通りです。

それから、4年。口座の桁が変わって歓喜した日もあれば、想像を絶する損失で眠れない夜を過ごしたこともあります。様々な経験を積んだ僕は、自分が「どう考えて、どういうトレードをしてきたか」について本にまとめたくなり、再び筆をとりました。

強調したいのは、今の僕がトレードで重視していることは「ボラティリティ」を取引するという点。マーケットで多くの参加者がポジションを入れ替えて、大きなトレンドが出る時。これがもっともトレードが面白い瞬間であり、収益が上がる瞬間でもあります。

車の運転をするには自動車教習所に通い、しっかりと交通ルールを学んだうえで運転免許を取る必要があります。

それと同じで、相場の世界に足を踏み入れる以上、トレーダーはルールを学んでおく必要があります。

スピード違反を起こせば、現実の世界でも相場の世界でも危ない目にあうのは避けられません。しかし、適切なスピードと正しいルート取りさえ覚えてしまえば、目的地に早く辿り着くことができるのも同じです。

正しいルート取りが「ファンダメンタルズ分析」や「テクニカル分析」だとするならば、本書でフォーカスした「ボラティリティ」という概念は、為替相場における「適切なスピード管理」にあたります。このボラティリティをどのように管理していくか。FXのトレードについて書かれた本はたくさん出版されていますが、ボラティリティについて本書ほど踏み込んで解説した書籍を、僕は読んだことはありません。

多くのプレイヤーが「ボラティリティの高い」時期に退場してしまう一方、その裏で大金を稼ぎ出しているプレイヤーがいるのもまた事実です（映画「マネー・ショート」でもリーマン・ショックで大儲けしたプレイヤーの実話が実写化されて話題になりました）。

'17年の仮想通貨バブルを思い出してみてください。ビットコインやアルトコインの急騰は多くの「億り人」を生み出しましたが、同時に多くの「退場者」も生み出しました。「ボラティリティ」の扱いに慣れている株や為替のプレイヤーは、結果的に仮想通貨で多くの資産を築いたにもかかわらず、です。

ボラティリティを敵に回すか、味方につけるか。本書をきっかけに、トレードの視点を少し変えてみませんか。

毎日のように波が押し寄せては消える、欲望うずめく「マーケット」へようこそ。本書が身包みを剥がしに来る強者からあなたの身を守り、攻めの一手となる「武器」になることを願って。

田畑昇人

Contents

まえがき…………2

Chapter 1
「ランダムウォーク」からの脱出

試行錯誤の末に編み出した「新しい手法」…………14
FXは「Winner Takes All」…………16
奪われる側から、奪う側へと回るには?…………18
億トレーダーの先輩と僕にあった「決定的な違い」…………21
リーディングカレンシーを見極める…………23
スタイル転向直後にぶつかった〝高い壁〟…………24
VIX指数をトレードに活かす方法…………29
ボラティリティを管理して利益を大きく伸ばそう…………32
今の自分と5年前の自分との決定的な違い…………33
FXを資産運用のひとつとして考える意味…………35

Contents
目次

Chapter 2 「15%の黄金の時間」を探す旅に出よう

- 市場は残酷なほどランダムである …… 38
- トレードするのは「15%」だけ …… 42
- 為替市場参加者の心理状態を探る …… 43
- イベントや経済指標がランダム度を低下させる …… 48
- 1日の中でランダム性が低下する時間帯とは? …… 52
- オセアニア市場を無視していい理由 …… 54
- 株式市場は為替を動かす変動要因 …… 56
- 「フェイク・ブレイク」を避ける方法 …… 61
- トレードを行なう順序を固めよう …… 65
- ユーロや豪ドルはいつエントリーすべきか? …… 68
- バイ・ザ・ルーモア、セル・ザ・ファクト …… 72

Chapter 3
「需給」と「日足」はトレンドを探す鍵

狙うべきは「大きな値動き」のトレンド …… 76
トレンドは日足21MAで判断せよ …… 78
ボリンジャーバンドで着目すべきは上下幅 …… 81
トレンドの強度を測るMACDヒストグラム …… 83
支持線・抵抗線を教えてくれるダウ理論 …… 86
トレードでもっとも大切なのは「需給と日足」 …… 88
売買比率はどこで見るの？ …… 92
FX会社が公表する売買比率＝オープンポジション …… 94
英・日の大手FX会社もポジションを公開 …… 96
IMMによる豪ドルのトレード …… 98
「ストップ狩り」のメカニズム …… 101
オープンオーダーの欠点を補うオプション情報 …… 108

Contents
目次

「戻りを売る・押し目を買う」大切さ……110

Chapter 4
ファンダメンタルズ分析とは食材探しである

「旬の食材＝通貨ペア」をどこで仕入れるか……114
「通貨そのもの」と「通貨の強弱」はまったく違う……116
「旬」の見極めがファンダの役割……120
金融政策をどうトレードに活かすのか……123
通貨単体の強さを示す強弱チャート……126
カリスマがつくった強弱チャート……128
通貨はグループ分けして理解する……130
「ジブリの法則」が示唆する真実とは？……132
トレードでは「因果関係」を考えないといけない……134
トレードでは「説明変数」を探してみよう……136

●株式市場で見る「たったひとつのポイント」……140
●米ドル／円取引に、なぜ米10年債利回りは重要なのか……141
●高値づかみを避けるファンダ活用法……147

Chapter 5
VIX指数から「レートの加速度」を測る

●相場の加速度を測る恐怖指数「VIX」とは……154
●豪ドル／円は米国株との相関性が高い……162
●「VIX先物が過去最大規模」の解釈……167
●加速度を細かく把握できる「通貨単体のVIX」……171
●通貨単位のVIX指数をどう判断するか……174
●VIXが示した円高の加速……176

Contents
目次

Chapter 6
トレードで習得すべき「三種の神器」

- 人はコツコツドカンな生き物である …… 182
- なぜFXでは大半の人が負けるのか？ …… 184
- 生まれもった本能に立ち向かうための自己規律 …… 187
- 「ドローダウン」とうまく付き合うために …… 190
- 資本主義社会の「体力ゲージ」 …… 194
- メンタルは大事。だけど一番ではない …… 196
- 通貨ペア再考～もし僕が初心者だったら～ …… 198

Chapter 7
僕がどんなトレードをしてきたのか

- 実践トレードからみる、僕の思考術 …… 204

● 原油市場の暴落で売ったカナダドル …… 207
● リスクオフ局面は円高で攻める …… 211
● 強いファンダメンタルズが効かなかった時は要警戒 …… 215
● オーダー情報の使い方 …… 221
● 利下げの思惑によって売る通貨を決める …… 223

Chapter 1

「ランダムウォーク」からの脱出

試行錯誤の末に編み出した「新しい手法」

ポジションの偏りは過去最高レベル。大きなストップロスも見えている。原油市場も弱い。利上げ期待の高まり――。ポジションを持つための判断材料は揃いました。

これまでのトレードスタイルを大きく変えた僕の、本格的な再デビュー戦。為替市場の動きは「ランダムウォーク」と言われ、上がるか下がるかはコイントスのようなもの。でも、例外はある。これだけの材料が揃えばランダム度は大幅に低下するはずです。

上がっていくはずだ――。

固唾を飲んでチャートを見守る僕のテンションに比例するかのように、チャートはきれいな上昇トレンドを描いてくれました。ポジションを握ること、４日間。１２０ｐｉｐｓ幅の利益となり、口座資産は僕が初めて見る桁に達しました。新しい手法が間違えていなかったことを結果が証明してくれたのです。

- **時間**
- **ポジションの偏り**
- **ストップロス**

この3つを主な武器にして戦うのが、過去の僕でした。'15年に出した前著『東大院生が考えたスマートフォンFX』で説明したものを基本とし、出版以降も絶えず試行錯誤を重ねてきました。

相場は生き物です。大きく動く時期もあれば、値動きが停滞する時期もあります。僕が3つの武器によるデイトレードを確立させたのは、相場の停滞期でした。相場の停滞期に最適化させた手法です。

「取れる利益を確実に取る」という堅実なやり方でしたが、その反面、「相場の動きが高まった時にも小さな利益しか取れない」という欠点がありました。値動きの大きな相場で5銭幅しか取れないと、ストレスが溜まってしまいます。かといって、停滞した相場で1

円幅を狙っても損切りを繰り返すだけです。

大きく動く場面で、どうすれば大きく取れるのか――。

テクニカル分析なのか、ファンダメンタルズ分析なのか。通貨単体の強弱を見ればいいのか、株式市場やコモディティ市場にヒントがあるのか。オーダー情報をもっと有効に使えないのか……。試行錯誤を繰り返した僕の様々な〝実験〟が結実したのは、'15年末のトレードでした。

それから4年。相場に向き合い続けてきた僕は、以前にはなかった手法や思考を身につけました。それを言語化したいと思い、筆をとったのがこの本です。

FXは「Winner Takes All」

「ボクシングと似ているな」

ＦＸの世界へ立ち入った僕は、最初にこんな感想を抱きました。ボクシングは「Winner Takes All」。**勝者が富も名声もすべてをかっさらい、敗者には何も残りません。**投資界隈の用語に即して言えば「ゼロサムゲーム」です。全員が勝者となることはなく、勝者がいれば反対側には必ず敗者がいる世界です。

初心者が安易に立ち入れば、好き放題に殴られて、あっという間にＫＯされてしまうでしょう。しかもタチの悪いことに、ＦＸでは１００人の参加者がいれば勝者と敗者が50人ずつになるわけではありません。ほんのごく一部……おそらくは５人から10人くらいの勝者が利益を総取りし、参加者の大半は敗者となります。様々なデータを見ても、それは証明されています。

初心者が何の武器も持たずにＦＸのドアを開けると、その先には猛者たちが舌なめずりをして待ち構えています。狡猾な彼らはあなたからすべてを奪うでしょう。

かつての僕もそうでした。ＦＸを始めたのは怠惰な大学生時代。

「毎日、満員電車に揺られる生活なんてしたくない」
「就職なんてごめんだ」
「投資で稼げば、就職しなくていいんじゃないか？」
「FXなら10万円もあれば始められるし、自分なら稼げるはずだ……」

そんな気持ちで、安易にFXを始めた時の元手は20万円。ゼロになるまで1か月もかかりませんでした。

奪われる側から、奪う側へと回るにはどうしたらいいのか――？

それから3か月、寝食を忘れて研究した結果、僕が生み出したのはボクシングで言えば「ヒット&アウェイ」と呼ばれる戦法でした。

為替市場は基本的にランダムウォークです。これは、「上がる可能性も下がる可能性も等しく、将来が予想不可能な状態」を指す言葉です。そんな市場で勝つかどうかなんて、運次第でしかありません。ましてＦＸではスプレッド（売値と買値の差）がありますから、取引回数が増えるほどコストはかさみ、期待できるリターンが低くなってしまいます。

そこで僕が考えたのは、「為替市場がランダムウォークではない動きをする時間を狙った手法」でした。**為替市場は基本的にランダムウォークですが、時間帯や市場参加者の状態によってはランダム性が低まる瞬間がある。**ここを狙うのです。

では、いったい何がランダム性を低下させるのか。

そのひとつが、時間です。「ゴトー日」と呼ばれる5と0の付く日は貿易の決済が集中します。海外企業にドルを支払わないといけない企業は、ドル／円のレートがいくらだろうが決済のためにドルを買わないといけません。銀行が1日の取引レートを決めるのは朝9時55分。日本は資源を海外へ依存しているため、基本的にはドルの支払いが多くなります。**つまり、ゴトー日の朝9時55分に向かってドル／円は上昇しやすい**、ということです。

このように裏付けをきちんと説明できる「ランダム性の低まる瞬間」は、他にもありました。それを狙って、5銭、10銭と小さな利幅を狙っていくのが、僕の見つけた「FXで生きる道」でした。

値動きの面から見れば、「逆張り」を基本としたやり方でもありました。逆張りとは値動きに逆らってポジションを取るやり方です。上がってきたら売り、下がってきたら買いでエントリーします。

為替市場は「レンジが8割」と言われる市場です。狭い値幅で上下するだけのレンジ相場が大半を占めており、強い値動きが発生するのは体感的に2割ほどです。

レンジ相場であれば、上がってきたところでカウンターパンチを当てるように売っていくのは効果的です。ただし、大きな利幅は期待できませんし、トレンドが発生した時には、しっかり損切りしないと大きな損失を抱えるリスクがあります。よって、当時の僕は利益確定も損切りもひたすら細かく繰り返していくスタイルでした。

億トレーダーの先輩と僕にあった「決定的な違い」

そんなやり方でコツコツと利益を積み上げていくうちに、トレーダー仲間が増え、あることに気が付きました。

ＦＸで圧倒的に大きな資産を築いている先輩方の多くが、「順張り」ということです。

逆張りの反対が順張りですから、上がったら買い、下がったら売りと、動いた方向についていく取引になります。

順張りだとレンジ相場では損切りを繰り返すことになりますが、ひとたびトレンドが発生すれば大きな利益を手にすることになります。順張りと逆張りの特徴をまとめると、次のようになります。

- **逆張りは勝率が高いものの利幅が小さい**
- **順張りだと勝率は低いものの利幅は大きい**

先輩方のような巨額の資産を、なるべく短期間で築くには、自分も「順張り」を覚える必要がある――。

では、どうやって順張りのスタイルを確立させるのか。暗闇の中での模索が続きました。**そこに、1本の光が差し込みました。ファンダメンタルズ分析です。**

トレードでは、とかくテクニカル分析が重宝されがちです。わかりやすく視覚的に判断でき、初心者でも上級者でも同じ結論になる。「テクニカルがこうなれば買い」とルール化しやすいことからも、重宝されるのでしょう。

僕の見解を述べると、**テクニカル分析は値動きを加工し、見やすくしてくれるための道具**。環境認識ツールです。移動平均線や各種インジケータなど指標とされるものはたくさんありますが、すべては過去の為替レートを加工したもの。**「為替レートが変化したからテクニカル分析が変化する」のであって、その反対はありえません。**

料理にたとえてみましょう。テクニカル分析は包丁です。いかに一流の刀鍛冶職人が精魂を込めて鍛え上げた包丁があっても、それだけではおいしい料理は作れません。包丁があり、その次には食材が必要です。さらには食材をどう活かすか、調理の腕も必要です。おいしい料理を作るには包丁、食材、腕の３つが欠かせない、ということになります。

包丁がテクニカル分析であるとするなら、調理の腕はトレード技術になります。これに関しては、本書でこれから細かく説明してきます。そして残るのは「食材」になります。

ＦＸトレードにおける食材とは何にあたるのでしょうか？

リーディングカレンシーを見極める

春ならば初ガツオ、夏はアジ、秋はサンマ、冬にはブリといったように四季折々に旬の食材があります。同じように、為替市場でも、その時々の旬があります。

僕が順張りへ転向しようと思ったきっかけはアベノミクスでした。この時は日本銀行の金融政策が通貨安を導き、**円が「リーディングカレンシー」、つまり「旬の通貨」となりました**。

'16年にはブレグジットが注目され、この時は英ポンドが旬の通貨でした。

リーディングカレンシーは一方向に大きな値動きが出るため、短期間で効率よく稼ぐことができます。**順張りで大きな利益を狙うなら、レンジになりやすいドル／円にこだわるのではなく、リーディング・カレンシーを見極めてトレードすべきだ、ということです。**

FXにおける食材とは何か。この問いに立ち返ると、その答えはリーディングカレンシーの見極めであり、ファンダメンタルズ分析なのです。

この気付きを得るまでの僕は、ファンダメンタルズ分析は横目で見る程度で、トレードに直接活かすことはありませんでした。時間、テクニカル分析、オーダー情報を見てばかりで、ファンダメンタルズについての知識も意識も欠けていました。

しかし、**「ファンダメンタルズを意識して、旬の通貨をトレードする」**ことで、順張りの精度が格段に高まったのです。

スタイル転向直後にぶつかった〝高い壁〟

とはいっても、ファンダメンタルズ分析と向き合い、リーディングカレンシーを見極めるトレードに方向転換するのは、そう簡単ではありませんでした。

スタイル転向後、すぐ壁にぶつかりました。'16年1月に日本銀行が導入した、異例のマイナス金利です。これは'13年4月、'14年10月に放たれた黒田バズーカの第3弾とも言うべきもので、直後のマーケットは円売りで反応しました。

この時の僕は前年の順張りが大成功し、冷静さを失っていたのかもしれません。ファンダメンタルズを過剰に意識した結果、大きな円売りポジションを構築して、結果として大きな損失を食らうハメになりました。**後述しますが、ファンダメンタルズは風向きが変わった時が一番市場に値動きとして現れます。**「噂で買って、事実で売れ」という格言通りに、「その指標がどれくらいインパクトがあって、どのような値動きをしたのか」が重要です。

たとえば、アメリカが金利を上げたとして、米ドル/円が50pips上げたとしましょう。金利を上げたということは、米ドル買いですね。しかし、そんな材料が出たにもかかわらず、米ドル/円が直後に50pips全戻ししたら、市場はどう考えているでしょうか。それ以上、そのファンダメンタルズでは、大きく市場は動かないということを示唆していますね。「この程度の材料ではもう上げられない」わけですから。

このように、**トレードは新しい材料や金利動向を、どの程度市場が織り込んでいるかを確認していく地道な作業**だったりします。

さて、「このマイナス金利で円が大きく売られていく」という予想とは裏腹に、市場が円安で反応したのは発表直後だけでした。欧州時間以降、深い押し目をつくりました。発表直後に3円上げて、2・5円下げる、といった動きです。

ファンダメンタルズを過信していた僕は、この時、「都内に一戸建てが買えたのでは……」という金額を失いました。**「ファンダ飛び乗りは死刑台へ続くエレベータ」**であることを、身を持って経験しました。

それでも、ファンダメンタルズ分析からリーディングカレンシーを探そうとする考え方が間違っていたのか？　と言えば、それは違います。先ほどの調理の例に即して言えば、

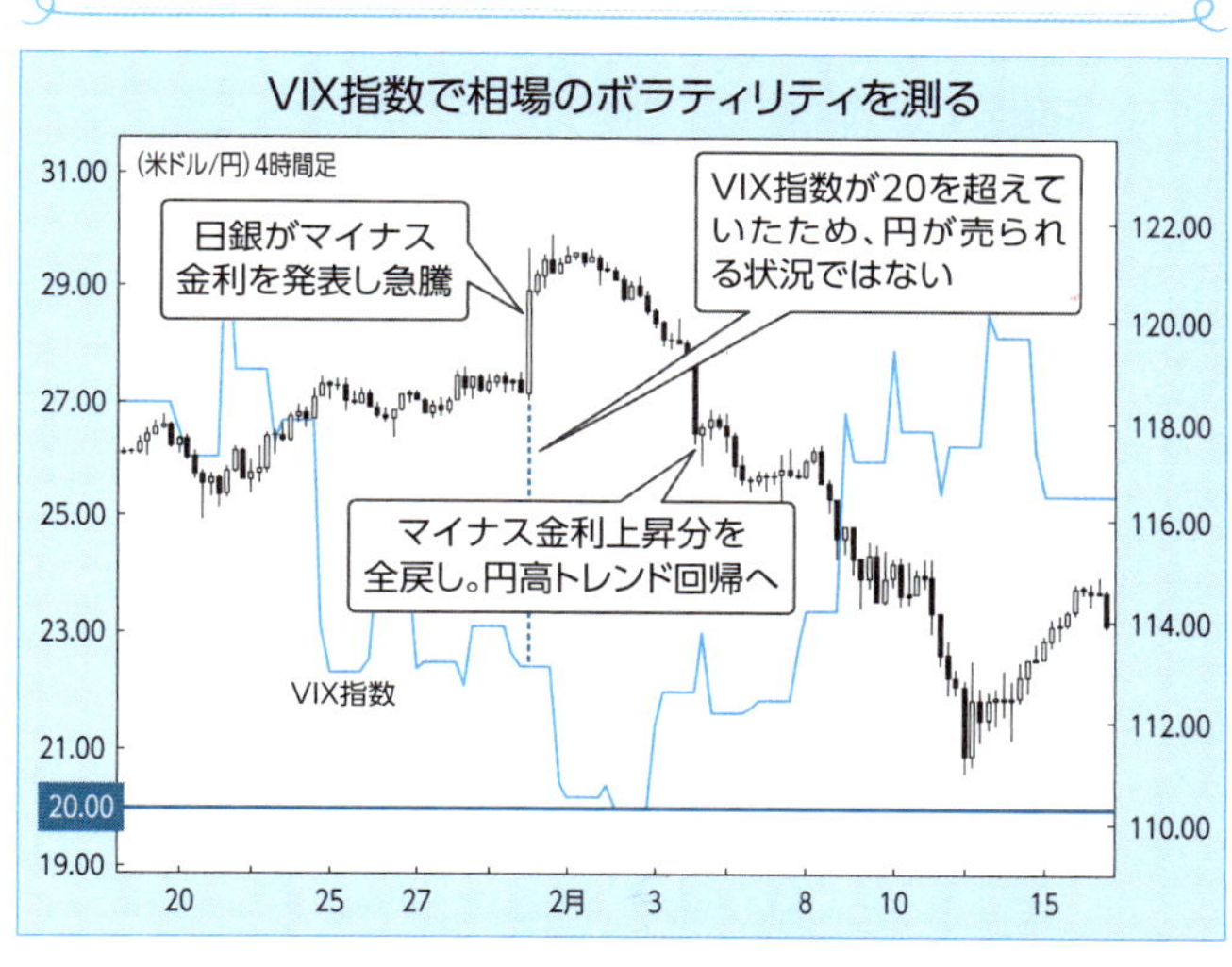

この時の僕には「食材を見抜く目」が足りていなかったのです。

上の図はマイナス金利導入前後の米ドル／円チャートに、ＶＩＸ指数を加えたものです。後ほど詳しく説明しますが、**ＶＩＸ指数は別名「恐怖指数」**。市場が抱く先行きに対する不安感を示す指数となります。

ＶＩＸ指数が20を超えていると、市場のリスク警戒度が高まっていることになります。いわゆる「リスクオフ」であり、特に円買い方向へのボラティリティ（変動率）が高まりやすくなります。

上図にあるように、マイナス金利導入時のＶＩＸ指数は20を超えていました。米ドル／円が上がりにくい状況です。原油価格や米国株、それに日本株も総崩れとなっていました。今の僕であれば米ドル／円を売っていたはずです。これについては第7章でも解説します。

ただ、当時の僕はファンダを妄信し、視野狭窄に陥っていました。この大失敗を経験した僕は、ＶＩＸ指数や米株、コモディティ（商品）市場など、様々な市場を見るようになりました。

トレードの精度を高めることはもちろん、**知りたかったのは、「この後、伸びるかどうか」です**。

「伸びる」とは、トレンドが続伸することです。中央銀行の政策や要人の発言で上がり始めた相場は、そのまま伸びることもあれば、腰折れしてしまうこともあります。

順張りでエントリーし、含み益がすぐに乗ってくれた。このまま伸びると思ってホールドしたものの、反転してしまったので決済すると結果、プラマイゼロ……。順張り手法をメインにするようになってから、そんなことが少なからずあったのです。

伸びることを最初から期待せずに堅実に利益確定する、という考え方もあるでしょう。**しかし、順張りの醍醐味は「一発で大きな利益を取れること」にあります**。そのために必要なのが、伸びるかどうかの見極めです。

伸びるかどうかを、どう見極めるのか――。

その答えはすでに書きました。**いくつかあるアプローチのひとつがVIX指数です。**

VIX指数をトレードに活かす方法

ＶＩＸ指数は米国株の代表的な指数のひとつであるＳ＆Ｐ５００のオプション市場を基にして算出される指数です。

世界の金融市場を象徴する場所と言えば、ウォール街を思い浮かべる人が多いでしょう。ウォール街にあるのは、証券取引所です。株式市場は為替市場と違い、長期的には市場参加者全員が勝つ可能性のある「プラスサム」です。

世界経済の発展とともに、米国株も値上がりしていく。これは株式市場で長年にわたって起こってきた現実です。**よって、通常時のマーケットであれば米国株は上昇しやすいと**

いうことになります。

米国株が上昇すれば、ＶＩＸ指数は低下します。穏やかな市場環境では為替市場はランダムウォークとなり、大きな値動きは出ません。トレードするにしても深追いせず、50ｐｉｐｓ程度で利益確定していくことを考えます。適度に利食っておかなかったために含み益を握りつぶしてしまうこともよくあります。

しかし、将来への不安感を高めるようなファンダメンタルズの材料が出てくると、話は変わります。米国株市場は下落し、ＶＩＸ指数が高まり、やがて20を超えてきます。

・ＶＩＸ指数が20を超えている＝リスクオフ
・ＶＩＸ指数が20を割っている＝リスクオン

米国株が急落すると、為替市場への余波が及びます。**保有していた米国株を処分して自国通貨に戻そうとしたり、より安全性の高い資産へと資金を移したり**と、様々な動きが出てきます。為替市場では、安全性が高いとされる日本円や米ドルが買われやすくなります。

この動きは説明できるものであり、あきらかにランダムウォークではありません。

ここまでの説明でわかるように、**ＶＩＸ指数は相場全体の「加速度指数」とも言えます**。ＶＩＸ指数が高まっていれば、為替市場も加速度をつけて動く可能性が高く、ＶＩＸ指数が低ければ加速度がつかず、動きはすぐに止まってしまう可能性が高い、ということです。

最初の問いは、「トレンドが伸びるかどうかを、何を根拠に判断するか」でした。答えはもう、おわかりですよね。トレンドフォローの順張りでエントリーし、大きな利幅を狙えるのは「加速度が付いている時」。そして、加速度を測る指標はＶＩＸ指数です。

ここまではよくある話です。なぜならＶＩＸ指数は米国株式市場のボラティリティを示す指数であって、株価指数のトレードを直接する場合はＶＩＸ指数をチェックすればよいでしょう。

しかし、ＦＸの場合は、通貨の取引を行なうので、ボラティリティを計測するには他の指標を参考にしたほうが理に適っています。**それは後述する、通貨ＶＩＸ指数です。**

この数年僕が取り組んできたことを端的に表すなら、それは「ボラティリティをトレードすること」となります。市場のボラが高まることを予想して適切であると思われるタイミングで、ポジションを取り、ボラが出なければ撤退。ボラが出れば大勝ち、ということを繰り返してきたのです。

'17年の仮想通貨の盛り上がりで「億り人」が続出したように、ボラティリティを正しく管理し、乗りこなすことができれば、資産を大きく増やすことができるかもしれません。

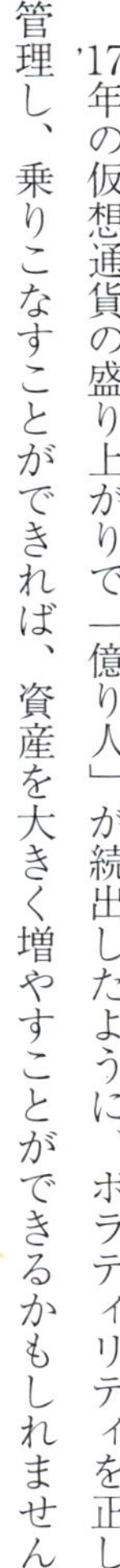

ボラティリティを管理して利益を大きく伸ばそう

ツイッターなどのＳＮＳを見ていると、ＦＸにもいろんなスタイルがあることに気が付きます。

トルコリラに代表される高金利通貨をバイ&ホールドしてインカムゲインを狙う人もいます。その対極として、スワップ金利のインカムゲインは完全に度外視し、キャピタルゲインだけを狙って秒単位の取引を１日１００回、２００回と繰り返すスキャルパーもいます。あるいは「下がったら買い、上がったら売り」と自動的に繰り返す「リピート系」と呼ばれる自動売買を好む人もいます。

ＦＸでは、経済指標発表後など３秒後、５秒後が予想しやすい局面もあるのですが、それにしても最近ではＡＩを利用したＨＦＴ（ハイフリクエンシートレード。超高頻度取引）と呼ばれるヘッジファンドなどの自動売買も台頭しており、短時間のトレードの難易度が高まっているように思います。

実は株の世界でも50億円、１００億円といった圧倒的な規模の資産を築いているのは、短い時間軸でトレードするスキャルパーではなく、デイトレーダーや、スウィングトレーダーなど時間軸が長めのトレーダーが多いです。

それはＦＸでも同じです。僕が出会った圧倒的な資産を築いたトレーダーは、いずれもボラティリティの高い時期にうまく含み益を伸ばすことで資産を増やした人たちでした。

今の自分と5年前の自分との決定的な違い

今の僕が行なっているのは、トレンドフォローのトレードです。

時間軸で言えば、デイトレードになることもあれば、スウィングトレードになることもあります。「これは利益が伸ばせそうだ」と思ったポジションは翌日に持ち越しますし、「だめだ」と思ったら数分で切ることもあります。トレードによって保有時間はまちまちですが、以前と比べて長くなったことは間違いありません。**以前に狙っていた5pips程度は誤差だと考えて50pips、100pipsを狙っていくスタイルです。**

振り返ってみると、以前の僕が神経を注いでいたのは、オーダー情報を読み解くことでした。それが今は何をもっとも重視しているか？　と言えば、**通貨ペアの選択と、ボラティリティの確認です。**

あるゲーム会社が作ったゲームが大ヒットしたら、次の決算では大幅な増益となるはずです。株にたとえるなら、そんなゲーム会社を見つけて先に買っておき、決算発表直前になってみんなが気付いた頃にはもう逃げてしまう。そんなやり方です。

ボラティリティの大きい時に、その材料が織り込まれるまでを取引する。これを日夜ファンダメンタルズのニュースを見たり、チャートを見たり、オプション情報を見ながらひたすら考えて期待値の高い取引をする、ということになります。

ＦＸを資産運用のひとつとして考える意味

僕がＦＸを生活の糧とするようになってから９年。一度も就職することなく、生活を続けることができました。世間的には「トレーダー」という職業なのでしょう。

包み隠さず振り返れば、一夜にして大金を手にして浮かれた夜がありました。サラリーマンが何年もかけて稼ぐ金額を数分で失って絶望に打ちひしがれた日もあります。

「こんなことなら就職すればよかった」

なんて後悔したことも数知れません。いい思い出と辛い思い出なら、辛い思い出のほうが多いというのが率直な感想でもあります。

僕がトレードを始めた９年前と比べても、為替市場は成熟してきた印象があります。その間には仮想通貨バブルもありました。

実を言うと、僕が仮想通貨バブルにも乗ることができたのは、ＦＸをやっていて資産運用に慣れていたから、という面もあります。

ＦＸをやり続けていくには、世界の株式市場の動向や金利動向、そしてトレードでポジションを取る際にはボラティリティを注意深く観察しなくてはいけません。そのような知識や経験があったからこそ、仮想通貨でもうまく立ち回ることができ、結果的にバブルが終わる頃にはうまく勝ち逃げをすることができました。

一時的に盛り上がる金融商品をトレードすることも大切ですが、それは普段の積み重ねがあってこそです。成熟している分野で努力してきたことは、他のフィールドでトレードする際にも決してムダになることはありません。

今では株価指数をはじめ、個別株など様々な金融商品をトレードするようになりました。しかし、投資の入り口としてＦＸから始めて多角的にマーケットと対峙できたことは、自分の中で貴重な財産になっています。

Chapter 2

「15%の黄金の時間」を探す旅に出よう

市場は残酷なほどランダムである

為替市場は残酷なほどにランダムウォークです。

ランダムウォークな世界では、コイントスの表裏を当てるようなもの。**この予想に躍起になったところで、優位性は得られません。**いくらトレードを繰り返しても、スプレッドなどの取引コストや約定の遅延による損失が膨らむだけです。

困ったことに、市場のランダム性は日々、高まっています。

為替市場のランダム性を高めている原因は、アルゴリズム取引やＨＦＴの存在。いずれも決められたプロトコルに従って自動的に売買を繰り返すのですが、我々よりも高速な取引環境の構築に血道を上げています。**目で見て判断し、手を動かして発注する人間よりもはるかに早く取引できるのです。**

アメリカの大統領が重要な発言をツイートすれば、アルゴリズム取引のプログラムは

「ツイートされた瞬間」にテキストマイニングによって方向性を判断し、発注します。僕らが目で見て判断し、発注する頃には、アルゴリズム取引はもう利益確定しています。その結果、「もっと下がるだろう」というイベントが起きても、アルゴリズム勢が先回りして動くことにより、動きが出にくくなる。このようにしてランダム性が高まっているのが現状なのです。

アルゴリズムが暴走し、「フラッシュ・クラッシュ」と呼ばれる事態も頻発するようになりました。**機械的なトレードの連鎖で短期間でレートが急変し、たった数分でまた戻るといった現象です。**ストップを入れていた個人投資家は見事に狩られてしまうでしょう。そんなアルゴリズムやHFTは日々、発展しています。金融市場は複雑化され、ランダム性が高まっているということです。

最近だと、ビットコインなどの仮想通貨でも市場の効率化が進んでいます。以前は取引所ごとにビットコインの値段が異なり、「価格の安い取引所Aで買って、価格の高い取引所Bで売る」という単純なやり方で稼ぐことができました。アービトラージです。仮想通貨市場に参加する人が少なく、市場の効率化が進んでいなかったため通用した手法でした。

こうした価格の歪みや異常な値付けといった「市場の非効率」は、参加者の増加やリテラシーの向上、あるいは自動売買ツールの普及によって徐々に改善されていきます。

為替市場は他のマーケットと比べて成熟しているので、歪みの少ない市場ではあります。それでも不意のニュースによって乱高下する時や、参加者の少ない通貨ペアでは多少の歪みがありました。そんな歪みもＡＩを駆使したアルゴリズム取引やＨＦＴと呼ばれる超高速な売買プログラムによって、いまや解消されつつあります。


市場が効率化されると、どうなるでしょうか。**株式市場ではバリュー株（割安株）が少なくなり、為替や仮想通貨の市場では価格の歪みがなくなっていきます。**

「効率的市場仮説」と呼ばれる仮説があります。**「市場が究極に効率化されると、すべての情報が価格に織り込まれ、未来の値動きを予想することが不可能になる」**という仮説です。


現在の為替市場は、この仮説に近づいています。値動きは「ランダムウォーク」、つまり偶発性の高い予想不可能な市場となりつつあり、そんな市場で闇雲に取引するのはコイントスの表裏を当てるのと同じ世界です。**勝率が50%だとしても、取引コスト分だけ徐々に削られていきます。**何度も口を酸っぱくして僕が言うのは、こうしたマーケットの状態をまず理解しないことには何も始まらないと考えるからです。

FXで負ける人の最大の理由は、取引をしすぎる「オーバートレード」によるものです。ランダムウォークな市場で不用意にトレードを重ねても、コストを支払うだけ。手元にお金は残りません。**ランダムウォークな市場で取引をしてもお金を失うだけ――。**まずは、この点をしっかり理解してください。

とはいえ、為替市場は完全なランダムウォークではありません。「ランダムウォークでないシチュエーション」は探せば眠っています。

FXで勝つためには、ランダムウォークな市場で取引せず、「今、市場はランダム性が低まっているだろうか」と考えることが鍵となりますし、**「いつ、どんな時にランダム性が低まるのか」**を考えることが本書の目的となります。

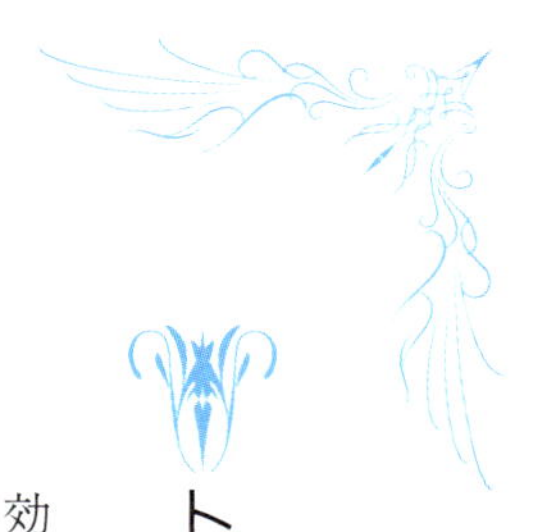

トレードするのは「15%」だけ

効率化が進んでいるとはいえ、マーケットには投機筋のストップロスや突発的なサプライズなど、ランダム性の低まる場面があります。特にボラティリティの高い場面はそれだけ「市場が何かしらの材料に反応している」わけですから、ランダム度が低いと言えるでしょう。体感としては為替市場の85%はランダムウォークで、残り15%はランダム性が低く、トレードした場合に方向感が読みやすい相場だと思っています。

僕がトレードしたいのは、このような「ランダム度の低下した場面」に限られます。

FXで勝ち残るために必要なのは**「85%の時間をいかに見極めて、ムダな取引を排除するか」であり、「未来が予想しやすくなる15%の時間をどう見極めるか。正しく予想して取引し、予想が外れた時にきちんと備えるか」**ということなのです。

FXで勝つ人は全体の20%とも10%とも言われます。正確な比率はわかりませんが、7～8割の人は市場から去っていきます。その理由は85%のランダムウォークな時間に取引

してしまうからです。

為替市場のランダム性はいつ、どうやって低まるのか。ここからは前著と重なる部分もありますが、ランダムウォークをキーワードに考え直してみたいと思います。

為替市場参加者の心理状態を探る

「為替レートがなぜ動くのか」をまず、考えてみてください。

アベノミクスによって円安が進みました。きっかけは日本銀行の発表した金融緩和政策でした。

では、金融緩和が米ドル／円を上昇させたのでしょうか。答えはNOです。金融緩和が発表されたことによって市場参加者の心理や置かれた状況が「米ドル／円を買おう」と変化したために、米ドル／円は上昇したのです。

為替レートも、買い物と一緒で需給が大事。**欲しい人が多ければ多いほど価格が上がる**

というシンプルな話です。つまり、後から自分より高いレートで買ってくれる人がいないと、自分は利益を出すトレードができません。

しかし、いくら日銀が円安を誘発するような政策を発表しても、市場参加者の心理に影響を及ぼさなければ、為替市場は動きません。実際、'16年に導入したマイナス金利では円安とはなりませんでした。市場参加者の心理には響かなかったからです。

では、市場参加者はどこにいるのでしょうか?

ひとりは僕です。あるいは、あなたもそうです。さらに取引の大きい銀行や年金運用機関、ヘッジファンドなどもいます。では、僕やあなた、ヘッジファンドがいつ取引するか。よほどのイベントがないと深夜や早朝には取引しませんし、朝9時頃から日付が変わるまでがメインの時間となります。

それは世界の人も同様です。「3大市場」と呼ばれるのが東京、ロンドン、ニューヨークです。

3大市場のメインタイム

	東京	ロンドン	ニューヨーク
株式市場	9:00〜15:00	8:00〜16:30	9:30〜16:00
日本時間（冬時間）	9:00〜15:00	17:00〜1:30	23:30〜6:00
日本時間（夏時間）	9:00〜15:00	16:00〜0:30	22:30〜5:00
日本との時差	—	9時間（夏時間は8時間）	14時間（夏時間は13時間）

※夏時間：欧州は3月最終日曜日から10月最終日曜日。アメリカは3月第2日曜日から11月第1日曜日まで

厳密に決まっているわけではありませんが、東京市場は9時から15時、ロンドン市場は17時から深夜1時半、ニューヨーク市場は23時半から翌朝6時が目安となります（夏時間の場合は1時間早まるので注意してください）。

夏時間の適用は欧州だと3月最終日曜日から10月最終日曜日まで。アメリカだと3月第2日曜日から11月第1日曜日までです。

為替は世界中で取引されていますから、それぞれの国の投資家たちが自分たちの起きている時間、頭が正常に働く時間に取引します。朝、デスクについて前夜のニュースや値動きを確認し、取引を始めます。

為替市場の参加者の多くは短期的な利益を狙う「投機筋」です。彼らが前夜の市況を確

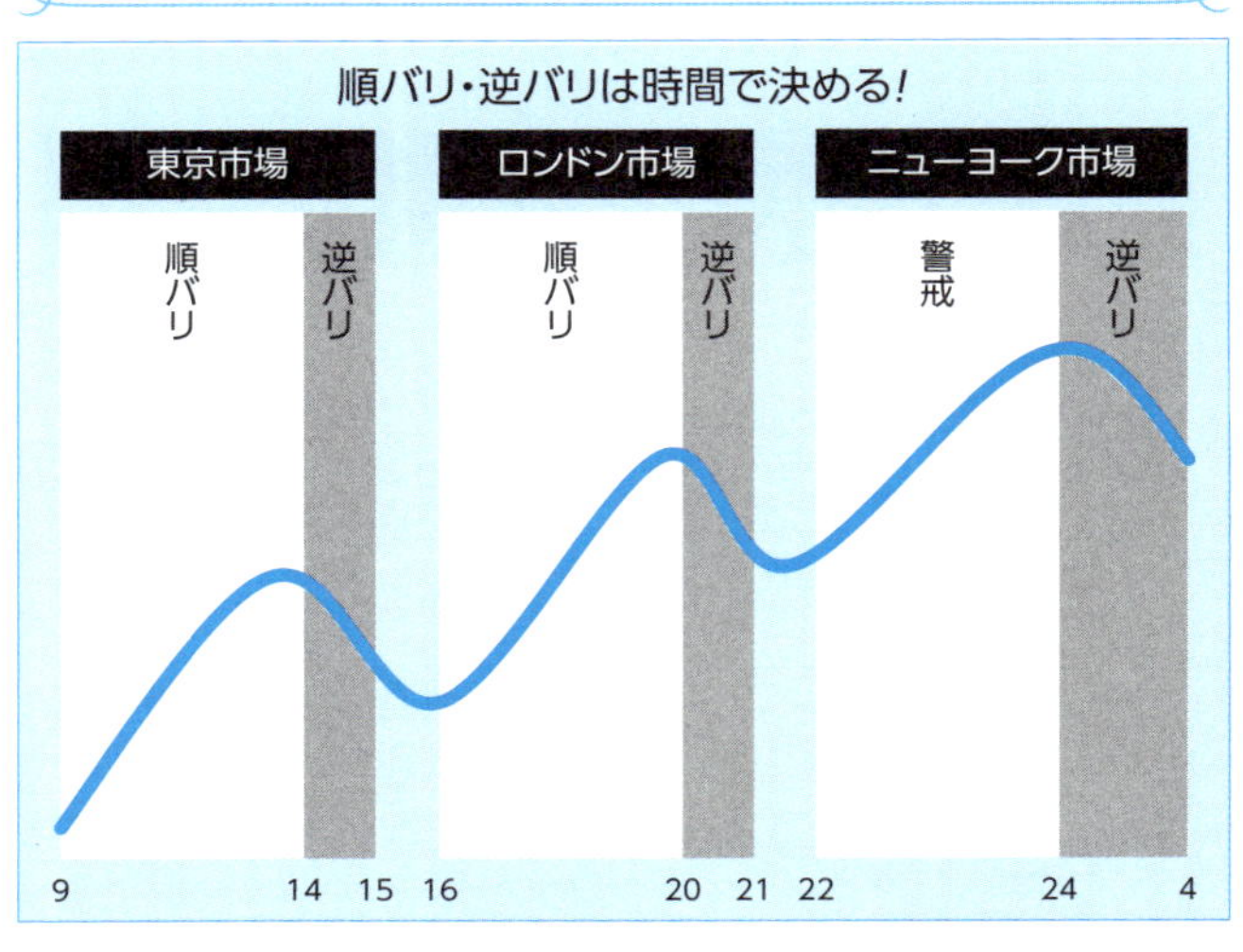

認し、その多くの人が「今日はドル買いだ」との心理になればどうなるでしょうか。為替市場はトレーダーの心理によって動きますから、米ドルの上昇トレンドが発生します。

こうしたことから、**「各市場が始まってからの数時間」はトレンドが発生しやすくなります**。ロンドン市場が始まった直後の18時に上昇していれば、そこでトレンドに逆らった「逆張り」は危険ということです。

3大市場が始まってからの4～5時間はトレンド方向に沿った売買がセオリー。上昇トレンドなら買い、下落トレンドなら売りでエントリーする「順張り」が有効です。

では、そうやって生まれたトレンドが落ち着くのはいつでしょうか。

トレーダーの心理になって考えてみてください。朝に始めたトレードがうまくいって、含み益が乗っている。ただ、あと1時間で終業時間だ。今夜はどこで飲もうか――。こうなったとき、せっかくの含み益をムダにしたくはありませんよね。退社する前に利益確定し、ポジションをスクエア（精算）してから家へ、あるいはパブへと向かうでしょう。

すると、どうなるか。市場が始まってから数時間の間に溜まった順張りのポジションが閉じられるため、トレンドとは逆方向の値動きが発生します。市場開始からの動きが上昇トレンドであったなら売りが有効ですし、下落トレンドであったなら買いが有効ということになります。

つまり、3大市場が始まってからの4～5時間はトレンドが発生しやすい「順張り時間」であり、3大市場が閉まる1時間ほど前はポジションの巻き戻しが起きやすい「逆張り時間」ということになります。

為替市場が基本的にランダムウォークであることは述べた通りですが、**1日の中での時**

間に着目すると、このように「一定の傾向」が見えやすくなります。

ただし、例外もあります。アメリカの経済指標が発表される前後の時間帯です。22時30分（夏時間21時30分）と0時（夏時間23時）が、米経済指標の発表が集中する時間です。経済指標の発表前には銀行や証券会社などのアナリストが「今回はこのくらいの数字になるだろう」と予想を発表します。予想と、実際に発表された数字との間に乖離が大きいと「サプライズ」となり市場が動きやすくなります。

エコノミストの予想が当たるかどうかを僕らが予想するのは困難です。結局はランダムウォークの世界ですから、この間は順張りや逆張りといった先入観は持たずに市場を見るスタンスで臨みます。

イベントや経済指標がランダム度を低下させる

ここからは、前著と違う部分になります。というのも、「経済指標前後でのトレードはしない」というのが過去の僕のルールのひとつでした。

しかし、今の僕は違います。

もちろん、経済指標の結果やサプライズに期待して事前にポジションを取ることはしません。**しかし、サプライズが起きて市場が大きく動いた時の「2波狙い」や、既存のポジションが巻き戻される動きを狙ってトレードすることはあります**。なぜならば、市場のランダム度が低まるから。ランダム性が低下する「15％」の局面のひとつです。

端的な例として挙げられるのが、'16年のふたつの大相場です。

6月23日に行なわれた英国民投票では、予想外の「ＥＵ離脱」が選ばれました。市場参加者の多くはＥＵ残留を予想していました。輸出入企業や年金運用機関は資金を大きく減らすわけにはいかないため、保守的な運用を余儀なくされます。「ＥＵ離脱が決まったのに英ポンドをたくさん持っている」という状況は、株主や年金加入者の理解を得られません。よって、慌てて英ポンドを売らざるを得なくなる機関投資家が増えることは、容易に

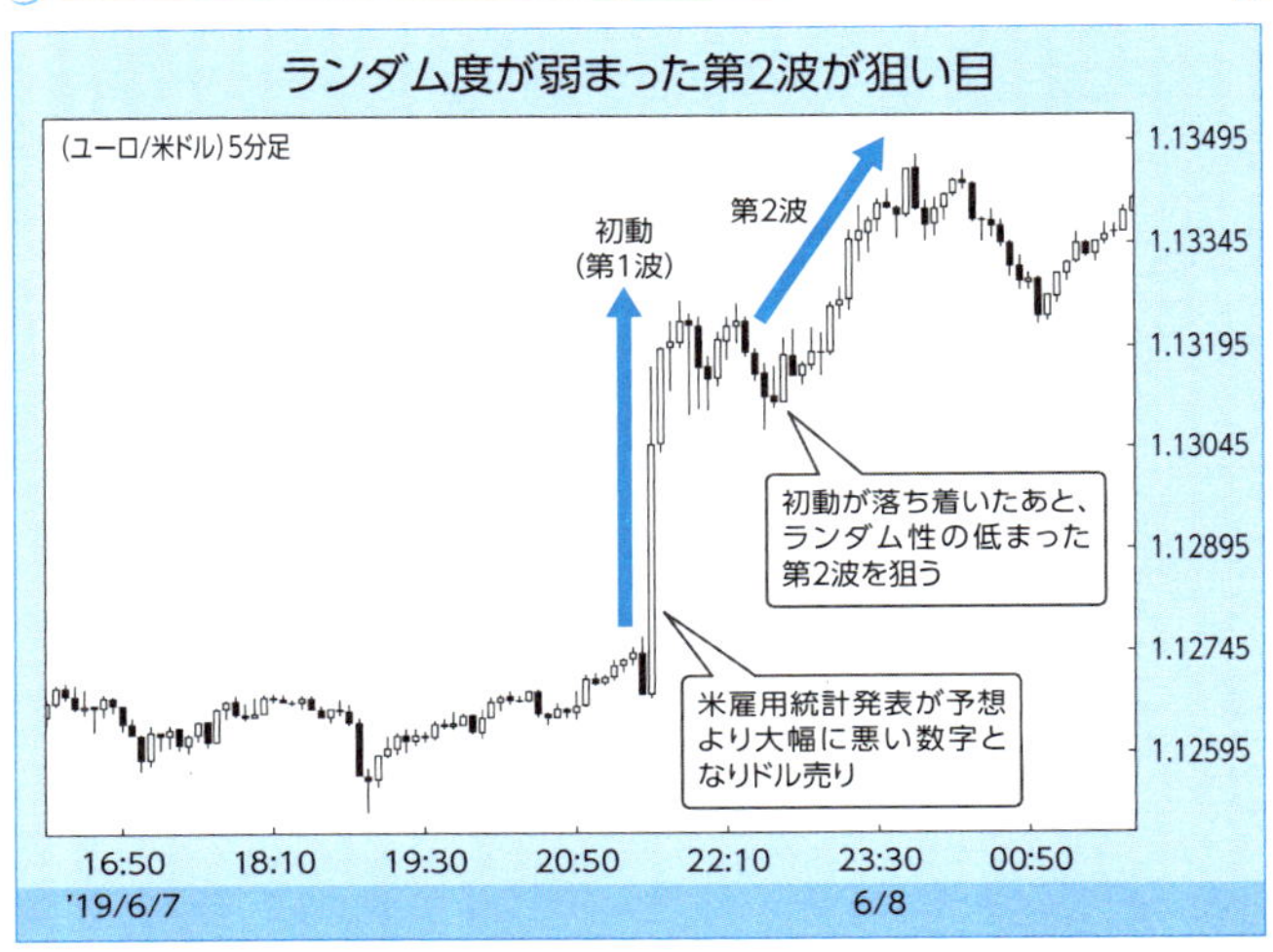

予想できます。ランダムウォークではない15%の典型です。

11月8日の米大統領選挙も構図は同じです。トランプ当選は完全なサプライズでしたから、大型減税や大規模な財政支出といったトランプの政策に合わせたポジション＝ドル買いの動きが一気に進みました。**事前に予測するのではなく、決まった出来事で起こりうるトレンドに乗っかってポジションを積めばいい。**これも15%の局面です。

この2つは非常にインパクトの大きなイベントであり、為替市場でも稀有な事例でした。ここまでの規模ではなくとも、同じような局面は定期的に起こります。

ただし、サプライズが起きるかどうかを予想することに優位性はありません。「英国民がEU離脱を選ぶか、残留を選ぶか」「ヒラリーとトランプのどちらが優勢か」について、僕らは特別な情報を持たないからです。

しかし、実際にサプライズが起きた直後なら話は別です。

選挙や経済指標、金融政策の発表などでサプライズが起きると、**ふたつの波で動いていく事態が起きやすい傾向があります**。発表直後の1波と、調整を挟んでからの2波です。これは、チャートをご覧いただければ感覚的に理解してもらえるでしょう。

狙いは2波目です。1波目はHFTなどの超高速なアルゴリズム売買やスキャルピング勢が動かすため、付け入る隙はありません。また、1波目の直後はスプレッドも広がるので取引コストの負担も大きくなります。

初動（第1波）の波に乗った短期勢が利益確定に動き、いったん調整に入ります。1波目が上昇であれば、その調整は下落です。

投資家心理に大きな影響を及ぼさない程度のサプライズなら、1波目以降の動きはランダムウォークなのですが、影響の大きいサプライズだと調整を挟んでから2波目が始まります。**この動きは1波目よりもゆるやかで、またスプレッドも狭まっているため、トレードのチャンスとなります。**

1日の中でランダム性が低下する時間帯とは?

為替市場の1日の流れを細かく見ていくと、経済指標発表以外にも意識したい時間帯があります。

為替市場の1日の区切りはニューヨーク市場が基準です。**冬時間だとニューヨーク市場が終わるのは日本の朝6時（夏時間5時）です。**ＦＸでも朝6時を区切りとして、スワップ金利が付与されますし、数分間のメンテナンスを行ない取引できなくなる会社もあります。また、皆さんにはなってほしくない事態ですが、この前後に「強制ロスカット」を執行するＦＸ会社もあります。

時には日本人のポジションを狙ってくる投機筋もいます。**狙われるのはポジションが買**

いに偏るトルコリラや南アフリカランドといった高金利通貨です。

その手口はとても単純です。6時直前から高金利通貨を売り浴びせて下落させます。高いレバレッジで取引している投資家のポジションは強制ロスカットとなり、強制的に売りが発生し、高金利通貨のレートはさらに下落します。それにより新たなロスカットが誘発され、さらに下落して……と「売りが売りを呼ぶ」展開になり、下げきったところで仕掛けた投機筋が買い戻して、暴落が終了する。といった流れです。

トルコリラ／円や南アランド／円などが暴落すると、米ドル／円やクロス円（対ドル以外の円の絡んだ通貨ペア）も下落しやすくなります。記憶に新しいところでは'19年1月3日に起きた「フラッシュ・クラッシュ」がそうでした。米ドル／円が早朝に4円急落したのですが、その引き金を引いたのはトルコリラ／円でした。

新興国の高金利通貨が史上最安値に近づいていたり、ポジションの偏りが目立つ時には警戒しておく必要があります。

オセアニア市場を無視していい理由

さて、6時にニューヨーク市場が閉まると言っても為替市場は24時間動いていますから、次の瞬間には新しい1日が始まります。舞台となるのはオーストラリアとニュージーランド。オセアニア市場です。

オセアニア市場の時間帯は市場参加者が少なく、取引量も少ないのが特徴です。そのため、値動きは小さくレンジ相場になりがちで、スプレッドは広がりやすくなります。

東京市場が開く9時までの3時間は無視してもいいでしょう。 実は僕自身、オセアニア市場の時間に無謀な量のポジションを取って大きな失敗をしたことがあります。皆さんは同じ失敗をしないよう、気を付けてください。

ただし、オセアニア市場にも唯一、注目される日があります。それが月曜日です。為替市場は週末、休みとなりますから、土曜日や日曜日に何か大きな出来事があっても市場は反応できません。**溜まったインパクトは月曜日のオセアニア市場で炸裂することになりま**

す。そうすると金曜日の終値は105円だったのに月曜日は104円で始まる、といったことが起きます。

値が飛んだ104円と105円の間は「窓」と呼ばれます。為替市場には「開いた窓は埋まりやすい」というアノマリーがあります。かつては「窓埋め」を狙った手法が流行りましたし、一時期はたしかに機能していました。ただ、近年は大きく窓を開けることも減り、同時に窓埋め手法が広まったことによって、その優位性が消失しているように思います。

僕は今でも週末のイベントに対する市場の反応を確認するため、月曜日に早起きすることがあります。ただ、窓埋め手法については、なぜ窓を埋めるのか、その因果関係がはっきりしないこともあり、積極的に勧めるつもりはありません。

9時に始まる東京市場では、まず9時55分に「仲値決め」があります。銀行が1日の基準となる為替レートを決める時間です。特に「ゴトー日」には輸出入企業などの決済が集中しやすく、米ドル需要が高まりやすい傾向があります。

そのためゴトー日の仲値直前には、米ドルが上昇する動きがよく見られます。銀行が米ドルを仕入れ、9時55分のレートを吊り上げておけば、安く仕込んだ米ドルを高く売れるため、かもしれません。

とはいえ、東京市場はロンドンやニューヨークに比べると参加者も少なく、仲値前後で動いても結局元の水準へと戻ってくることも頻繁です。仲値の動きを利用して稼いでいる人もいるようですが、仕事のある人には難しいかもしれませんし、仲値手法が周知されているため、いつまで使えるのか、保証もありません。

マーケットには一定の非効率が存在します。しかし、**その非効率が周知され、プレイヤーが増加するとともにエッジ（優位性）が低減することも頻繁です**。非効率を狙った特殊な手法に頼っていると、ある時期から急速に稼げなくなる可能性が高いです。こうした特殊な手法に頼るのであれば、市場の非効率性を見つける観察眼も大切になります。

株式市場は為替を動かす変動要因

FXとはいえ、株価の動向もにらむ必要があります。9時に始まる日本株市場だけでなく、10時30分から始まる上海市場も重要です。特に中国が市場のテーマとなっているような時は上海市場が崩れると「リスクオフ」となり、米ドル／円も下がりやすくなります。15時には日本の株式市場が閉まり、それから1～2時間するとロンドンをはじめとする欧州勢が参加します。**東京市場のシェアが6%前後なのに対してロンドン市場は37%。**参加者が一気に増えるため、値動きも活発になります。

ロンドン市場の時間でも株価は注目です。ドイツのフランクフルト証券取引所やイギリスのロンドン証券取引所は17時半（夏時間16時30分）が取引開始時間です。

通貨ペアでいうと、**東京市場では米ドル／円やクロス円が中心となるのに対して、ロンドン市場ではユーロや英ポンド、スイスフランなどの欧州通貨の取引が活発になります。**

ロンドン市場が終盤に入ろうとする23時30分（夏時間22時30分）になると、いよいよニューヨーク市場が始まります。投機筋の動きが活発になるだけでなく、22時30分（夏時間21時30分）や24時（夏時間23時）には重要な米経済指標が発表されて流れが反転したり、トレンドが生まれたりすることもしばしばです。

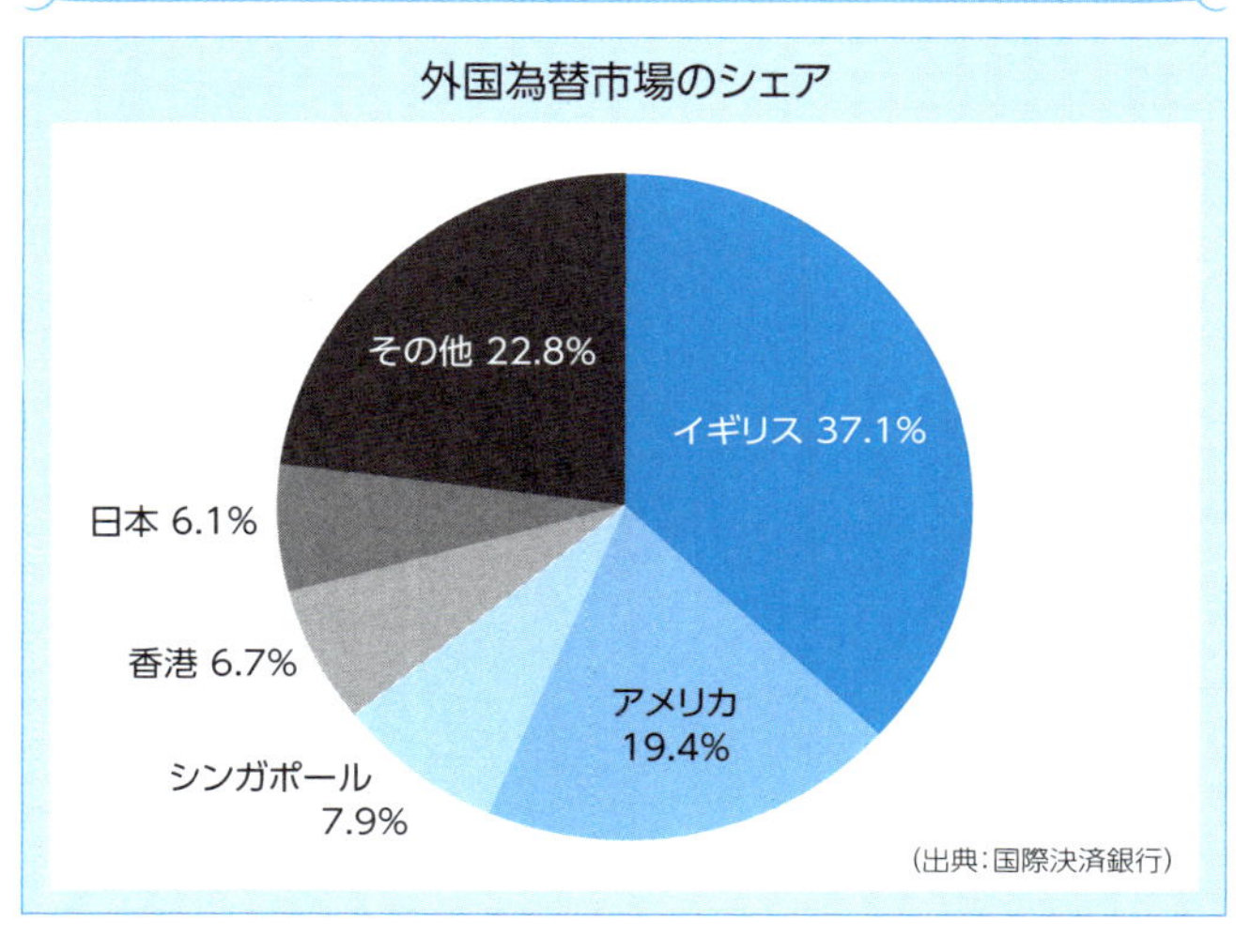

この時間帯はニュースや経済指標の発表にも気を配る必要があります。チャートだけを見て、動いたからといって安易にトレードすると、「ダマシ」に翻弄されてしまいます。

ニューヨーク市場で主役となるのは「ドルストレート」（米ドルの絡んだ通貨ペア）です。この時間帯ではダウ平均はもちろんのこと、**米国債の動きにも目を配らないといけません**。特に2年ものと10年ものの米国債の利回りは、米ドル／円の動きと同じように動くことも頻繁です。10年債利回りが上昇していれば米ドル／円は上がりやすくなりますし、10年債利回りが下落していれば米ドル／円も下がりやすい傾向があります。

初心者の人だと「債券アレルギー」があるかもしれません。債券は株や為替と違って頭に浮かべにくい。どこか縁遠い市場なので、難しく感じるかもしれませんが、一度理解してしまえばそう難しいものではありません。

米国債は安全性が高いため、市場参加者の危機意識が高まった時に「現金の代わり」として買われやすくなります。多くの人が買うと債券価格は上昇します。もらえる金利は一定なので、高く買えば実質利回りは低下します。つまり「債券価格の上昇＝利回りの低下」であり、「債券価格の下落＝利回りの上昇」です。

米国債利回りはトレードに直結する情報なので、必ずチェックしておきましょう。

話を注目すべき時間帯に戻します。ロンドン、ニューヨーク市場の時間帯には、オプションの権利行使の最終締め切りである「オプションカット」が24時（夏時間23時）に、日本の仲値にあたる「ロンドンフィックス」が1時（夏時間0時）に控えています。

オプションについては追って説明することにして、ロンドンフィックスについて先に説明します。**注目は月末、特に四半期末や半期末、年度末のロンドンフィックスです。**この時には、「リバランス」と呼ばれるポートフォリオの配分調整の動きで値動きが活発になることがあるためです。

リバランスとはポートフォリオの配分比率を元に戻す作業です。たとえば「日本株25％、米株50％、欧州株25％」と決めて運用を開始しても株価の変動により、比率は変わってきます。月末を控えて「日本株30％、米株40％、欧州株30％」になっていたら、比率を元に戻すためには、「日本株売り、米株買い、欧州株売り」という売買が発生することになります。為替の売買もこれに合わせて生じることになります。

月末、特に四半期末にあたる3、6、9、12月、**中でも欧米勢の半期末である6、12月のロンドンフィックスには気を付けてください**。

ロンドンフィックスの特殊なフローが為替市場を大きく動かした例をひとつ、挙げておきます。ロンドンフィックスの5分ほど前、ユーロ/米ドルが急落し、節目と見られていた1・10をブレイクしました。本来なら、売りでついていきたいところですが、ユーロ売りとなる材料は見当たりません。時間的に見てもロンドンフィックスにともなう特殊なフ

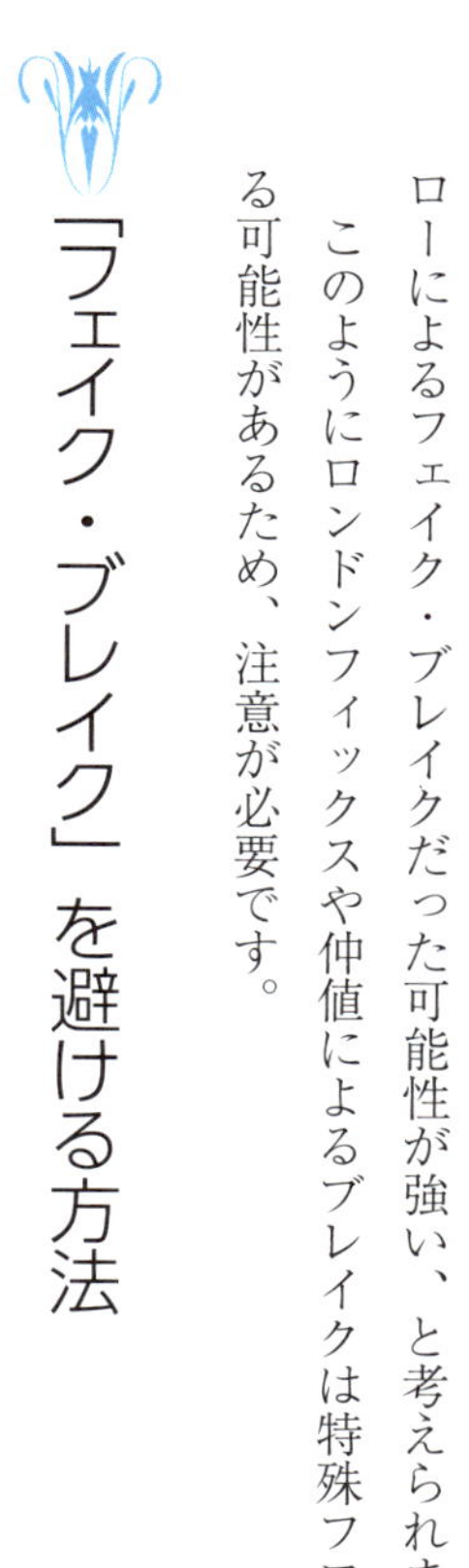

ローによるフェイク・ブレイクだった可能性が強い、と考えられました。
このようにロンドンフィックスや仲値によるブレイクは特殊フローによるフェイクである可能性があるため、注意が必要です。

「フェイク・ブレイク」を避ける方法

ブレイクを狙うことは僕もよくあるのですが、「ブレイク詐欺」とも言えるフェイクが少なくありません。一度抜けたと思っても、すぐに戻ってきてしまう動きです。トレンドフォローだと、ブレイクを狙ってエントリーすることもあるため、フェイクとなっての損切りはつきものなのです。

とはいえ、フェイクに騙される回数を減らすためのヒントとして、時間はとても有効です。次ページの図は米ドル/円が105円を割った場面です。

ブレイク時の時間に注目してください。朝6時、東京市場はまだ開いておらず、オセアニア市場の時間帯です。

このように**マザーマーケット（その通貨の母国となる市場）ではない時間帯に発生した**

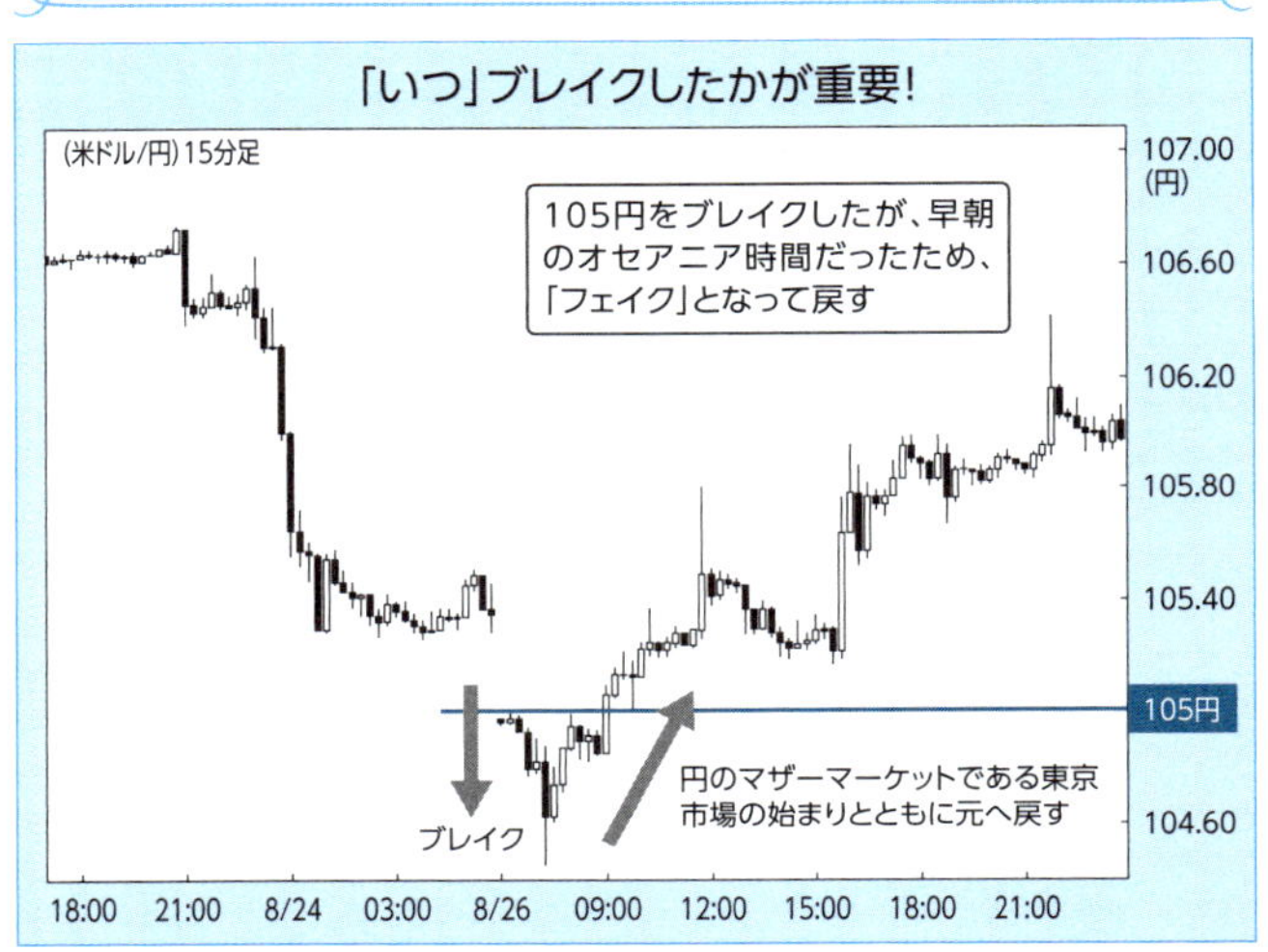

ブレイクはフェイクの可能性が高い、という傾向があります。

実際に図の場合も東京市場が始まるとともに105円を回復し、105円割れなどなかったかのように上昇していきました。**ブレイク狙いでのエントリーでは「何時のブレイクか」を必ず確認してください。**

流動性の薄い時間の「ブレイクアウト(新高値・新安値)」は、参加者のいない場面で無理やりストップロスをつけたレートなので、そこが天井や底である可能性が高いです。つまり、それ以上売るトレーダーも買うトレーダーもいないので、そのプライスで止まって反転してしまうということが考えられます。月曜窓開けなども、出来高の薄い時間に無理やりつけたレートなので、埋める傾向がある、というだけなのでしょう。

仮想通貨でも、ビットコインのセリングクライマックスは日本時間早朝などの参加者が少ない時間に狙い打ちにされていた印象があります。

このように、各通貨の値動きを見た時に、**参加者が少ない時間にレートが大きく動いた通貨はトレンドフォローする際に要注意と言えるでしょう。**

ロンドンフィックスを通過すると、1日の主だったイベントは終了となり、ロンドン市場も深夜1時頃には終了して、為替市場の値動きも落ち着きます。

とはいえ米株市場は深夜も動いており、日本人が寝静まったニューヨーク市場の後場に動くことがあります。**特に年8回あるFOMC（米連邦公開市場委員会）は非常に重要なイベントです。**金利発表が午前4時（夏時間3時）、FRB議長の記者会見は午前4時半（夏時間3時半）に始まります。

ここまで1日の流れをざっと眺めてきました。

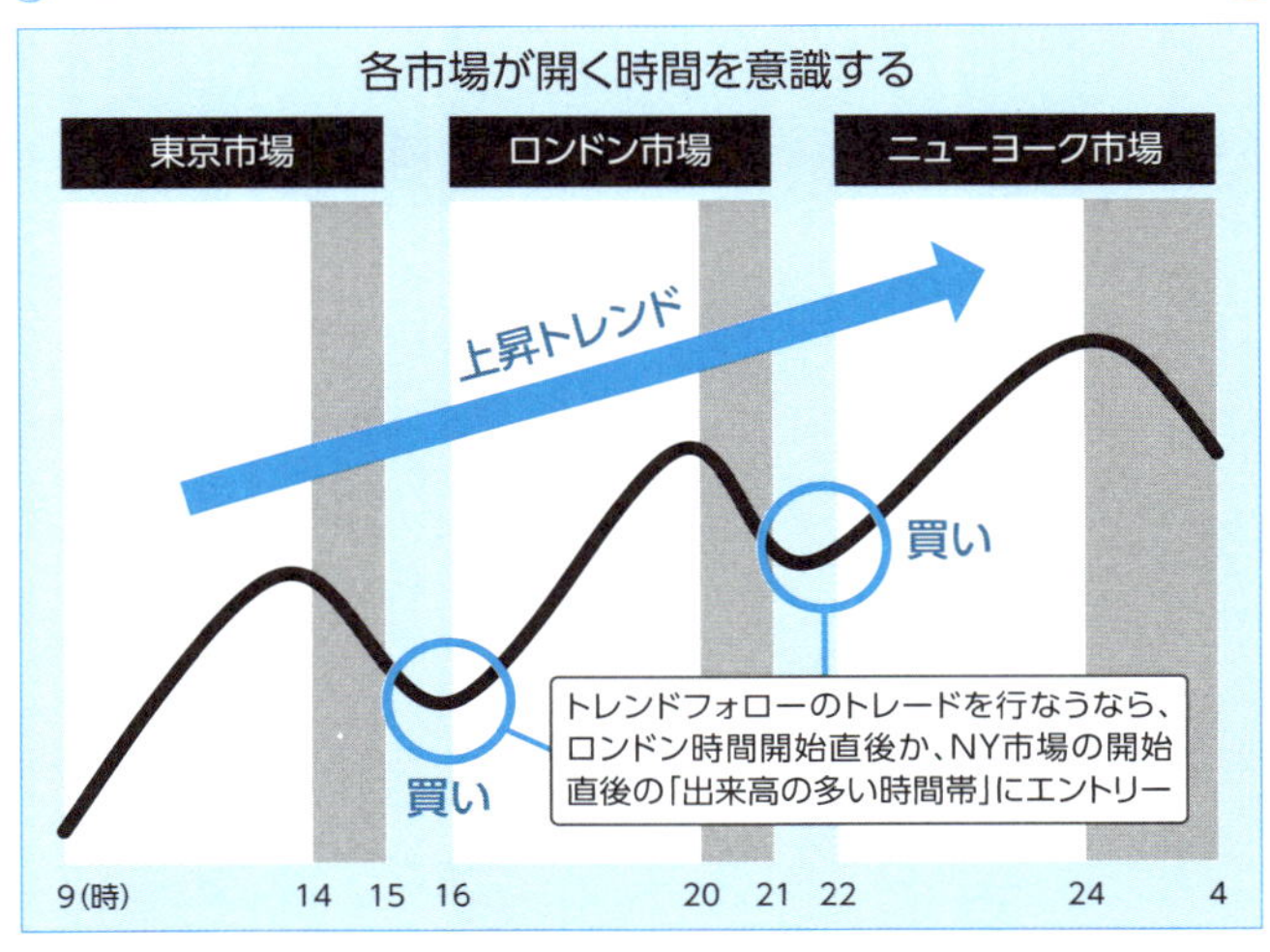

勘のいい人は「いつトレードすべきか」に気が付いたのではないでしょうか。基本的にはロンドン市場からニューヨーク市場の前半まで、つまり夕方から0時頃までになります。

FXを取引するなら、「ボラティリティ」（価格変動率）が高くなければ利益が出せません。特に今の僕のような**「ランダムウォークではない、15%の時間を狙って取引するスタイル」**だと、経済指標や中央銀行の政策発表、トランプ米大統領のツイートなど、イベントがトリガーとなることも増えています。それらが発表されるのはロンドン、ニューヨークの時間です。

中でもロンドン市場とニューヨーク市場、それぞれが始まってから2時間はチャンスが豊富です。日足レベルでトレンドが出ていなくても、デイトレード的なやり方で利益を出すこともできるでしょう。

またスウィングトレードで大きなトレンドを狙っていく時でも、こうした時間の意識はとても大切です。

エントリーするなら東京市場の終わり間際やロンドンが中盤に入る20時頃。あるいはNY市場の後場にあたる深夜の逆張りの時間を選ぶことで押し目を拾いやすくなりますし、利益確定ならば順張りの時間が有利になります。

トレードを行なう順序を固めよう

為替市場が持つ「24時間いつでも取引できる」という特徴は、諸刃の剣です。時間の限られた人でもトレードチャンスがある一方、FX依存症となりチャートから離れられなくなってしまうリスクがあるからです。

ランダムウォークな市場でエントリーを繰り返せば、損失が膨らんでいくだけであることは、ここまで繰り返してきた通りです。

ＦＸ依存症から脱するには、自分を律するメンタルはもちろんですが、「トレードを行なう順序」を固めておく必要があります。僕が意識しているのは、

①通貨ペアの選定
②エントリーポイントの選定（リスクリワードの決定）

このふたつです。

通貨ペアの選定は、ファンダメンタルズ分析が入り口となります。金融政策の転換、政権交代、地政学リスクの高まりなど、大きなイベントがある通貨を探すことが第一歩ですが、これは第４章で詳しく解説します。

’19年であれば米ドルが、それまでの利上げサイクルから一挙に利下げサイクルへと転換したため、「米ドル売り」という方針が自ずと決まってきます。

次に問題となるのが、相手通貨です。ＦＸで取引するのは通貨ペアなので「ドルを売る」一方で、「何らかの通貨を買う」という取引が発生します。

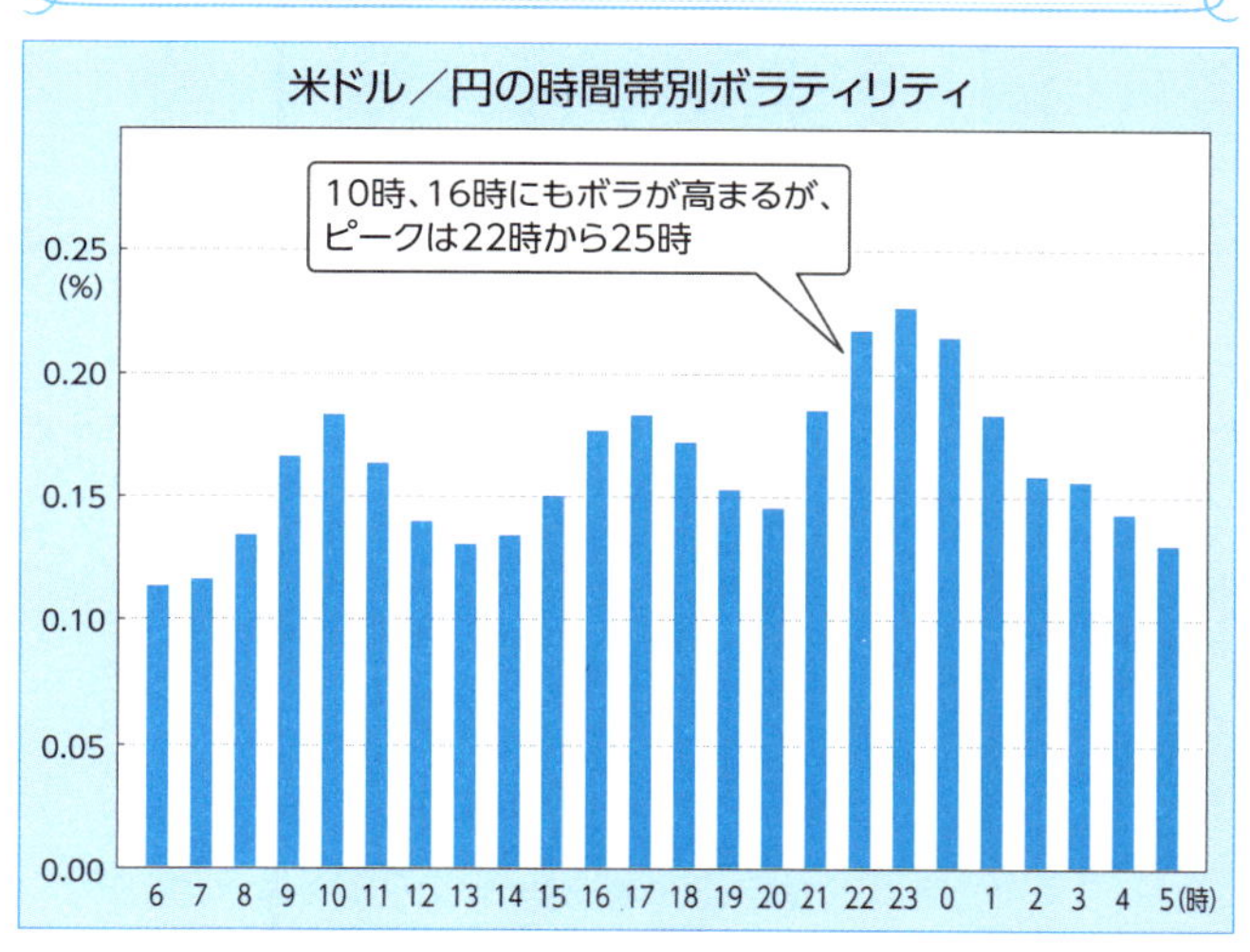

ユーロや英ポンドの欧州通貨はブレグジットという下落材料がありました。豪ドルやNZドルも利下げ中で買えません。原油価格が下落傾向にあり、資源通貨であるカナダドルも買いたくありませんでした。消去法的に残ったのは円です。

次に考えるのが「いつ取引を始めるか」、つまりエントリーポイントです。ここで参考になるのが、時間です。

上の図は米ドル／円の時間帯別の変動率です。見てわかる通り、仲値の10時前後に値動きが高まりますが、15時頃までは値動きの少ない凪相場が続き、欧州勢が参入する16時、そしてニューヨークタイムの21時以降にそれぞれピークがやってきます。

この図を見れば、いつデイトレードすべきかは明白です。また、今の僕のようなスウィングトレードであっても、ボラティリティの高まる時間帯であれば、より有利なレートでエントリーできる可能性が高まります。ボラティリティの低い時間にエントリーすると、不利なレートになりやすいので、この点はしっかり頭に入れましょう。

ユーロや豪ドルはいつエントリーすべきか？

今度は非円通貨ペアのユーロ／米ドルで時間帯別のボラティリティを見てみましょう。ユーロ／米ドルでも、傾向は米ドル／円とほぼ同じです。ただ、仲値を含み東京市場の時間帯では動きにくく、ロンドン市場やニューヨーク市場で大きく動いています。

米ドル／円、ユーロ／米ドルともにニューヨーク市場が始まる前の20時前後にいったんボラが低下する傾向があります。ニューヨーク市場が始まる前、すなわち米経済指標の発表や米株市場のオープン前に一度手仕舞っておく傾向があるようです。

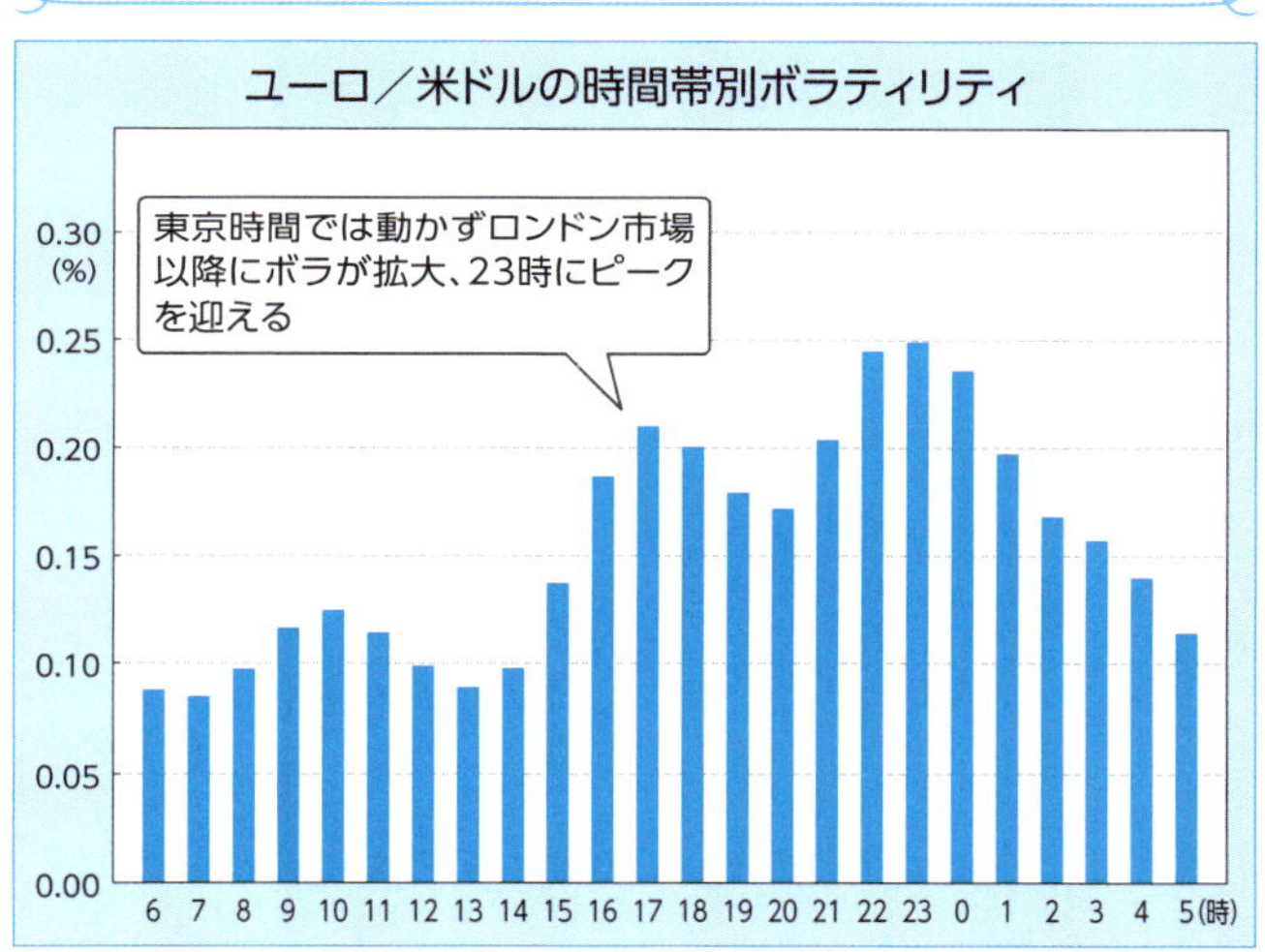
ユーロ／米ドルの時間帯別ボラティリティ
東京時間では動かずロンドン市場以降にボラが拡大、23時にピークを迎える
0.30 (%)
0.25
0.20
0.15
0.10
0.05
0.00
6 7 8 9 10 11 12 13 14 15 16 17 18 19 20 21 22 23 0 1 2 3 4 5(時)

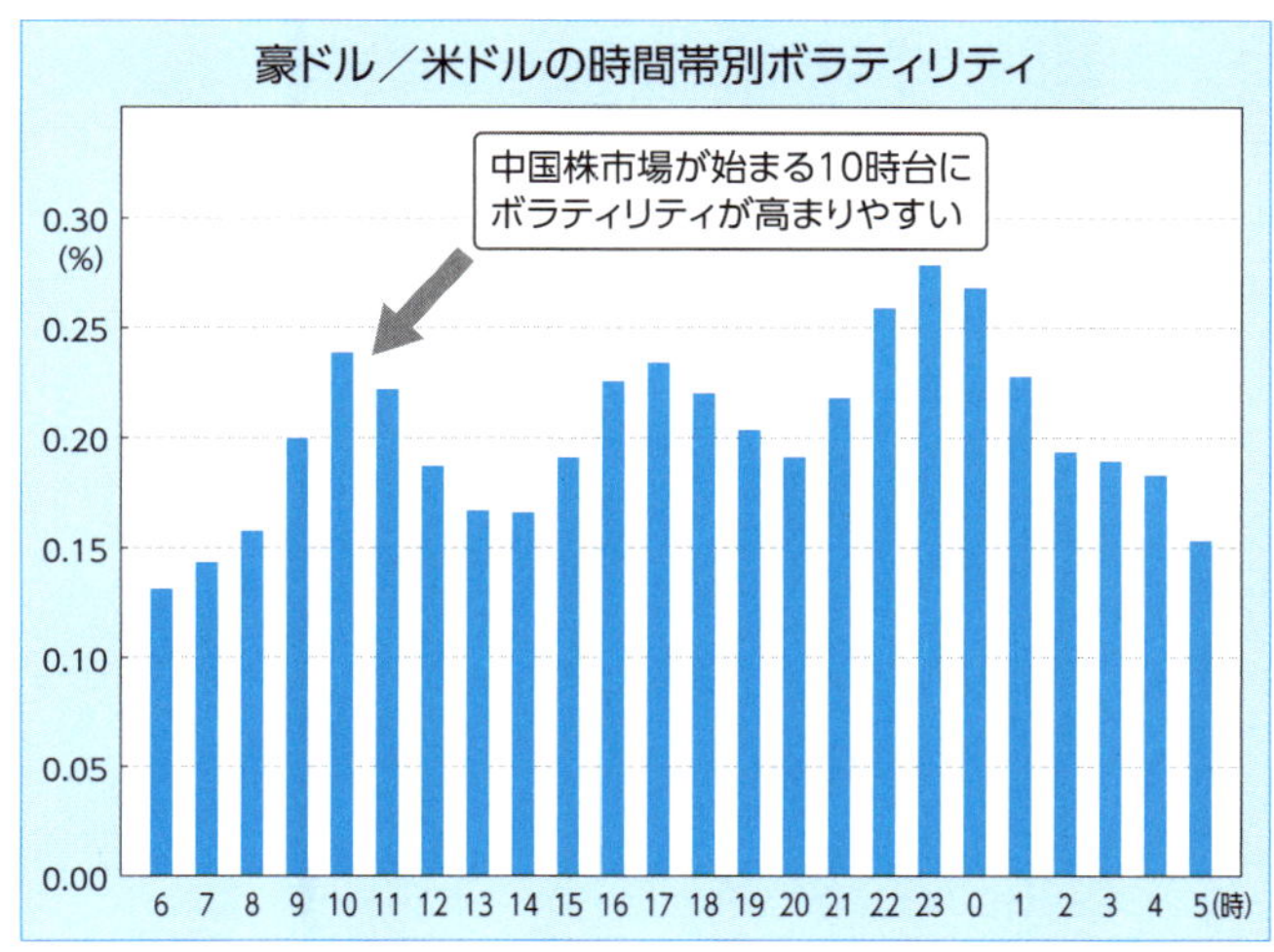
豪ドル／米ドルの時間帯別ボラティリティ
中国株市場が始まる10時台にボラティリティが高まりやすい
0.30 (%)
0.25
0.20
0.15
0.10
0.05
0.00
6 7 8 9 10 11 12 13 14 15 16 17 18 19 20 21 22 23 0 1 2 3 4 5(時)

もう1通貨ペアだけ見ておきましょう。少し傾向が異なる豪ドル／米ドルです。

豪ドルには中国の通貨である人民元の代替として取引される傾向があります。そのため、**中国株市場のオープンや中国の経済指標が発表される10時頃に動きやすい傾向が見てとれます**。また、ロンドン市場ではあまり取引されていないためか、欧州時間には値動きがありません。その後のニューヨーク市場の時間にボラが拡大するのは、他通貨と同様です。

ここからは「豪ドルを取引するなら午前中か、ニューヨークタイム」という学びが得られます。

通貨ペアごとに、どんな時間に取引するのがいいか、以下に簡単にまとめておきます。

- **米ドル／円やクロス円は東京市場前半か、ニューヨーク市場**
- **ユーロ／米ドルやユーロクロスは欧州市場か、ニューヨーク市場**
- **豪ドルやNZドルなどオセアニア通貨は東京市場前半か、ニューヨーク市場**

ただ、第1章でも触れたように、円はリスクオフ時に買われやすい傾向があります。これは時間帯を問いませんから、クロス円の通貨ペアを選択した場合、株式市場の動向には絶えず気を配らないといけません。

逆に、ドルストレートの通貨ペアであれば、ニューヨーク市場の時間と、相手通貨のマザーマーケット（通貨の発行された国の市場）の時間だけを気にすればいいので、クロス円よりも精神的に楽になります。

「豪ドルが欧州時間に急落した」
「ユーロ／米ドルが東京時間に急騰した」

といった、ここまでに述べた法則とは反する動きをした場合は、**「オーバーシュート」（行き過ぎ）である可能性が高まります**。東京市場の時間にユーロ／米ドルが急騰、急落したとすれば、「流動性の薄い時間にストップをつけて行き過ぎる動きが発生しただけ」と考えての、短期逆張り戦略が有効です。

世界の金融市場は密接に相関しながら動いています。株が下げたから為替も下げた、金利が上がったから通貨も上がったといった動きが本来です。それにもかかわらず「通貨だけが動いた」のならば、それは「因果関係のない、非効率な値動き」である可能性が高いということです。こうした点を頭に入れておくと、ＦＸはもっと楽しくなります。

バイ・ザ・ルーモア、セル・ザ・ファクト

決済で気を付けるべき要素に、スケジュールがあります。「ポジションを保有することそのものがリスクであることが、その理由です。

しかし、実はもうひとつの理由があります。それが「噂で買って事実で売れ」（バイ・ザ・ルーモア、セル・ザ・ファクト）の動きです。

たとえば、米ドルで利上げ観測が流れて買われたとします。この段階で、利上げは為替レートに織り込まれるため、**実際に利上げが行われると、市場は「もう、これ以上の買い材料はない、材料出尽くしだ」として売りで反応します**。「噂で買って事実で売れ」の動きは、為替市場では珍しいことではありません。

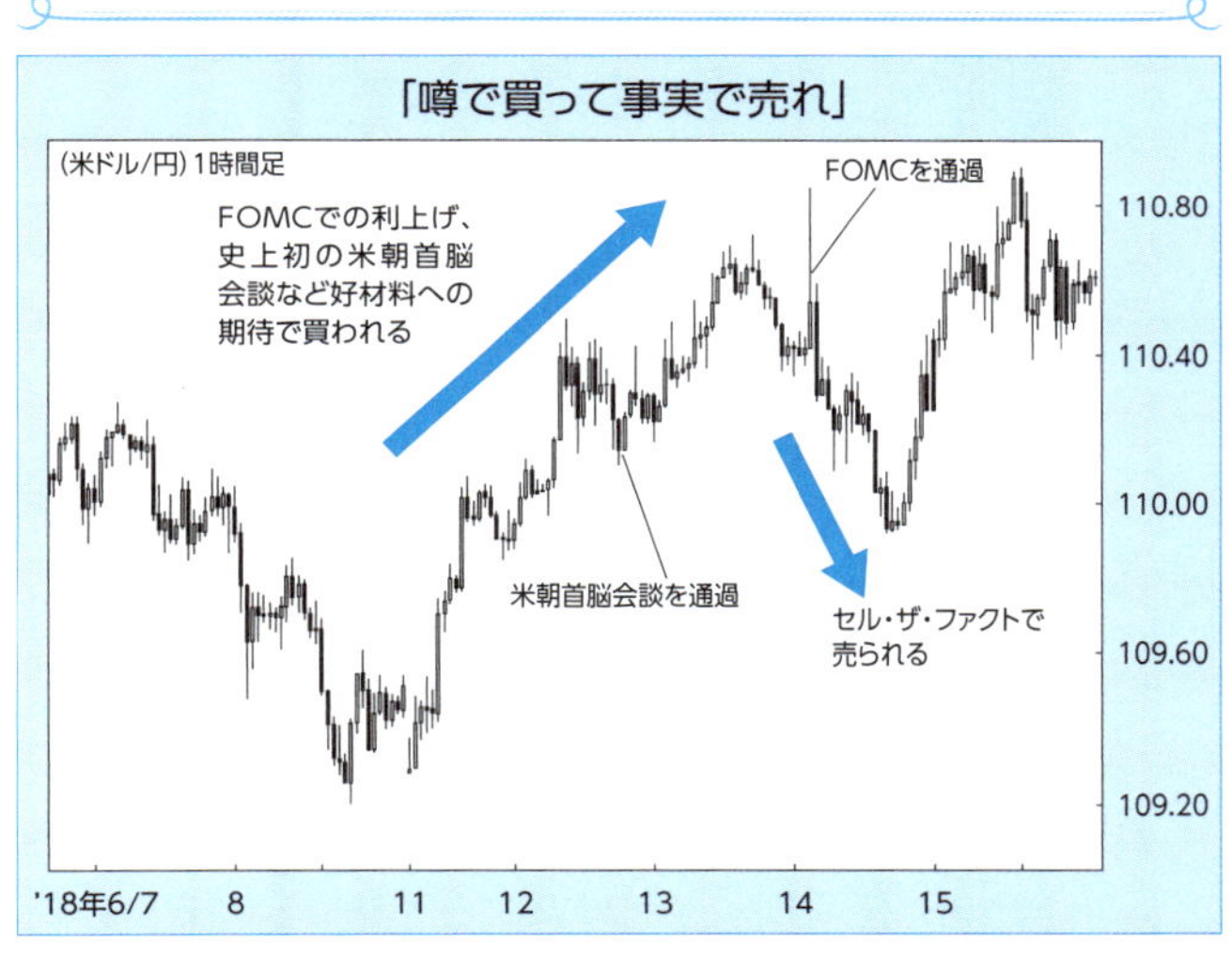

'16年に日本銀行がマイナス金利を発表した時もそうでした。為替市場では事前に追加緩和への期待が高まっていたため、米ドル／円は買われていました。しかし、実際に発表されると「セル・ザ・ファクト」となり、米ドル／円は下落しました。

ただしひとつ、気を付けてほしいのは、為替市場では「セル・ザ・ルーモア、バイ・ザ・ファクト」ともなりうるということです。'15年12月に米ドルが利上げサイクル入りしたとき、米ドルが「バイ・ザ・ルーモア」で買われました。ユーロ／米ドルで言えばドル高＝下落なので、「セル・ザ・ルーモア」です。その後、実際に利上げされると「バイ・ザ・ファクト」となりユーロ／米ドルは上昇していきました。

個人的にもっとも印象的だった「材料出尽くし」の動きは、'16年のトランプラリーでした。「もしもトランプが当選すれば株は大幅安だし、為替市場では円高が進み100円を割り込むだろう」と散々言われていました。しかし、実際にトランプの当選があきらかになると、株式市場も為替市場も、歴史的な上昇を見せることになりました。

このように為替市場では「セル・ザ・ファクト」も「バイ・ザ・ファクト」も同じように起こります。

つまり、こういうことです。**「材料」を手がかりにして取ったポジションは、材料が出尽くしとなる前に利益確定しておかないと、せっかくの含み益を台無しにしてしまう可能性がある。**これは頭に入れるべきだと僕は思うのです。

そうならないよう、トレードを始める前には「いつまでに」と期限を意識するようにしておきましょう。

Chapter 3

「需給」と「日足」はトレンドを探す鍵

狙うべきは「大きな値動き」のトレンド

ＦＸでは、トレンドという言葉を聞かない日はありません。

「今日はトレンドが出ないな」

「トレンドがはっきりするまで様子見だ」

そんな感じの発言をよく聞くのですが、一体、トレンドとは何でしょうか？

トレンドとは「値動きが方向性を持って一定期間継続すること」だと言えるでしょう。

コイントスをした場合に、表か裏を当てるような場合は確率が50％なので完全なギャンブルになってしまいます。ＦＸも同じで、今のレートよりも上がるか下がるか方向感がわかっていれば、この50％を60％、70％と高めることができて、トレードを有利に進めることができますね。

アベノミクスはその典型です。金融政策によって日本の運用機関は高利回りを求めて海外で運用せざるを得なくなりました。円を米ドルに交換する必要に迫られたため、円安が一気に進行しました。

あるいはブレグジットもそうです。イギリスがＥＵから離脱することになれば、ロンドンに拠点を置く企業はドイツなど他国へ移転せざるを得ません。その結果、英ポンドが売られることになったわけです。

こうした場合、為替市場はランダムウォークではなく、明確な方向性を持って動きます。**アベノミクスやブレグジットのような大きな変化は数年に1度レベルですが、インパクトは少なくとも同じような変化は2、3か月に1度くらいの頻度で起きています。**

「この変化によって、売買せざるを得ない人は出るだろうか」

こう考えることで、トレンドの本質を捉えることができるはずです。

逆に言えば、ファンダメンタルズに大きな変化が起きていないのにマーケットが動いているのなら、それはランダムウォークの範疇に過ぎないだろう、ということです。

トレンドは日足21MAで判断せよ

今、トレンドが出ているのかどうか。端的に確認できるのはチャートです。

トレンド確認にもっとも適していると僕が思うのは、日足の移動平均線です。移動平均線は過去の値動きを平均化しただけのシンプルな設計です。もっとも基本となるテクニカル分析でもあり、多くの人が目安として利用しています。

「移動平均線が上向きなら上昇トレンド。下向きなら下落トレンド」と見方も非常にシンプルで、人によって解釈が変わるようなこともありません。

ただ、移動平均線では「パラメータ」の設定が人により好みがあり、違ってきます。移動平均線のパラメータとは、**「過去○本のローソク足で平均を計算するか」**という、○の部分の数字です。同じ移動平均線でもパラメータが「5」と「800」では、見える景色がまったく違います。

僕がメインとして利用するパラメータは「21」です。日足の21は、過去21日分の値動きから平均を計算することになります。おおよそ1か月です。キリがいいためか、多くの人が20や21に設定した移動平均線を見ており、チャートツールでもデフォルトの設定が20になっていることがよくあります。

ただ、21だとデイトレードからスウィングトレードくらいのスタイルで使うには、少し長い。値動きが転換してから移動平均線の傾きが変わるまでに時間がかかるのが難点です。

テクニカル分析では「信頼性」と「反応速度」がトレードオフの関係になります。パラメータを長くすれば信頼性は高まるものの、反応が遅くなります。パラメータを短くすれば、反応は早くなりますが、信頼性は低くなります。

第一章でテクニカル分析を包丁に例えましたが、肉切り包丁と刺し身包丁では形が違うように、1本の包丁ですべての食材をさばくことはできません。同じように、テクニカル分析も特徴を知った上でツールを使い分けするのが賢明です。

そのため、僕は21の移動平均線だけでなく、5に設定した短期の移動平均線も表示しています。日足の5だと、1週間です。21がメイン、短期の流れを見るための補助として5

という位置づけです。2本の見方をまとめると、次のようになります。

- **21と5がともに上向き＝強い上昇トレンド**
- **21が上向き／5が下向き＝上昇トレンド中の押し目**
- **21と5がともに下向き＝強い下落トレンド**
- **21が下向き／5が上向き＝下落トレンド中の戻り**

さらにもう1本、200の移動平均線も表示しています。5とは対象的に長期の移動平均線です。200日移動平均線が傾きを変えたり、ローソク足が上抜け・下抜けする機会はそう多くありません。それだけに200日移動平均線に変化があると、それ自体が話題になることもあります。他のトレーダーも気にしているラインでもあり、長期的な流れを示すラインとして200日移動平均線も見ています。

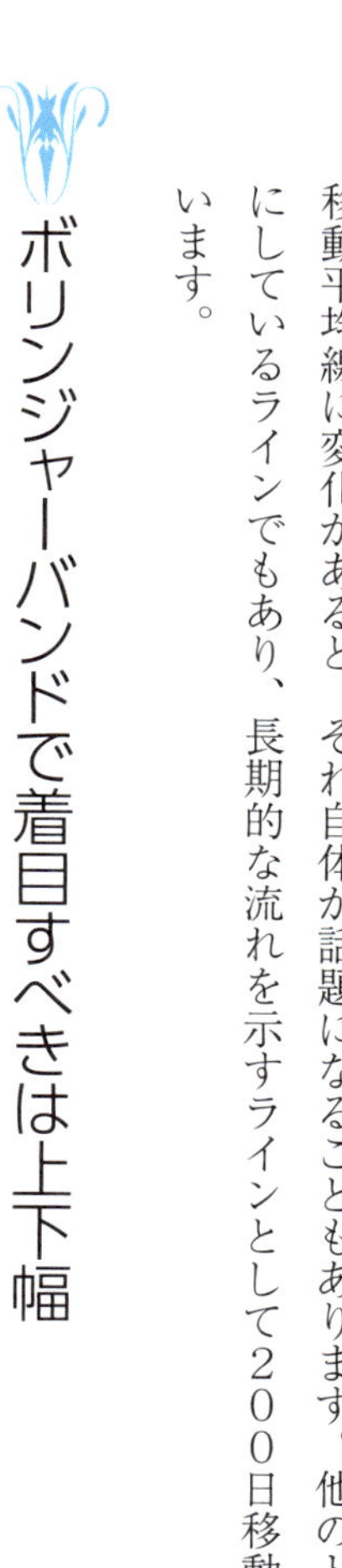

ボリンジャーバンドで着目すべきは上下幅

移動平均線を応用したテクニカル分析に「ボリンジャーバンド」があります。これについては前著でも説明しましたが、今は少し使い方を変えています。

前提として、僕が表示しているのは「2σ（シグマ）」だけです。ローソク足は上下に描かれた2本の2σの中に約95％の確率で収まるとされています。

ローソク足は通常、狭まっている2σの中で穏やかな動きを見せます。レンジ相場が為替市場の常態だからです。2σの間で値動きする期間が長くなるほど、プラスとマイナスの2σの間の幅は狭まっていきます。傾きも横ばいです。

とはいえ、いつまでもレンジが続くわけではない。やがてローソク足は2σを突き抜けて、「5％の確率で起こった値動き」が発生します。

ボリンジャーバンドの広がりを見逃さない!

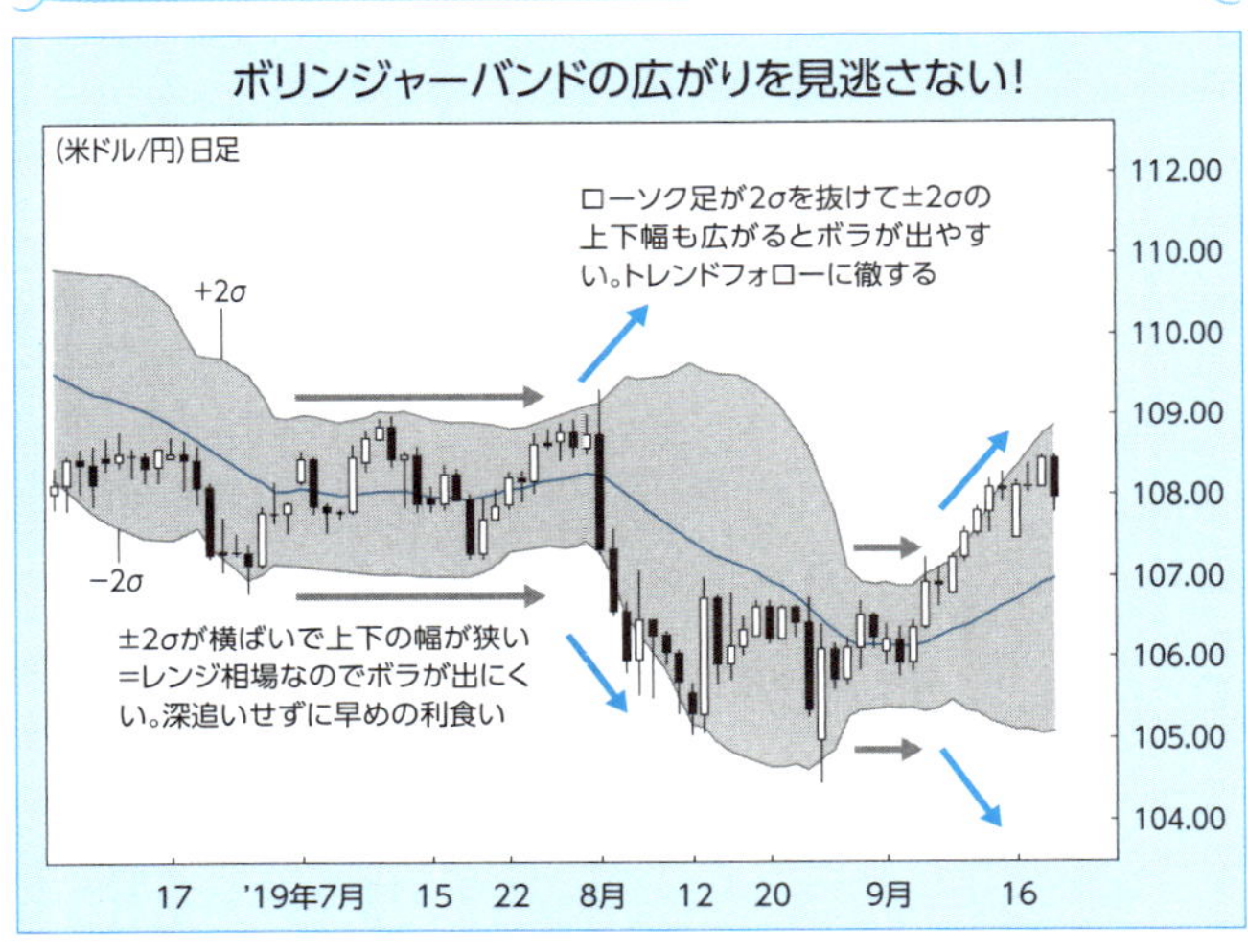

トレンドというのは、為替市場の常態ではありません。地震や雷雨のような想定外の動きなので、トレンドが発生したときには2σを突き抜けていくことになります。

このように、日足でボリンジャーバンドが狭まっていて、それが大きくローソク足で突き抜けたのなら、チャンスです。市場参加者は低ボラティリティに長い間慣れているわけですから、弱っているポジションを抱えているプレイヤーが損切りさせられるまでトレンドは続くでしょう。

ボリンジャーバンドの2σが広がっている＝トレンドが生じていると言えるので、トレンドフォローを心がけます。逆に2σが狭まっていれば、レンジ相場ですから深追いせず小さな利幅で決済します。

このように相場の状態を判断する指標として、ボリンジャーバンドはとても有効です。

トレンドの強度を測るMACDヒストグラム

ひと口にトレンドと言っても、動く幅や継続期間は様々です。「もっと伸びるだろう」と思ったトレンドが続かずに反転してしまい、悔しい思いをすることは、トレーダーなら誰もが経験することでしょう。

トレンドを完全に読み切ることは不可能。ですが、その強さを推測することはできます。そのために使うテクニカル分析がMACD（マックディー）です。

MACDもまたボリンジャーバンドと同じく移動平均線を利用したテクニカル分析です。短期と長期、2本の移動平均線の乖離の度合いを示したものになります。

MACDでは3つの要素が表示されます。棒グラフと、2本のラインです。チャートソフトによっては2本のラインだけかもしれませんので、その場合は棒グラフも表示される

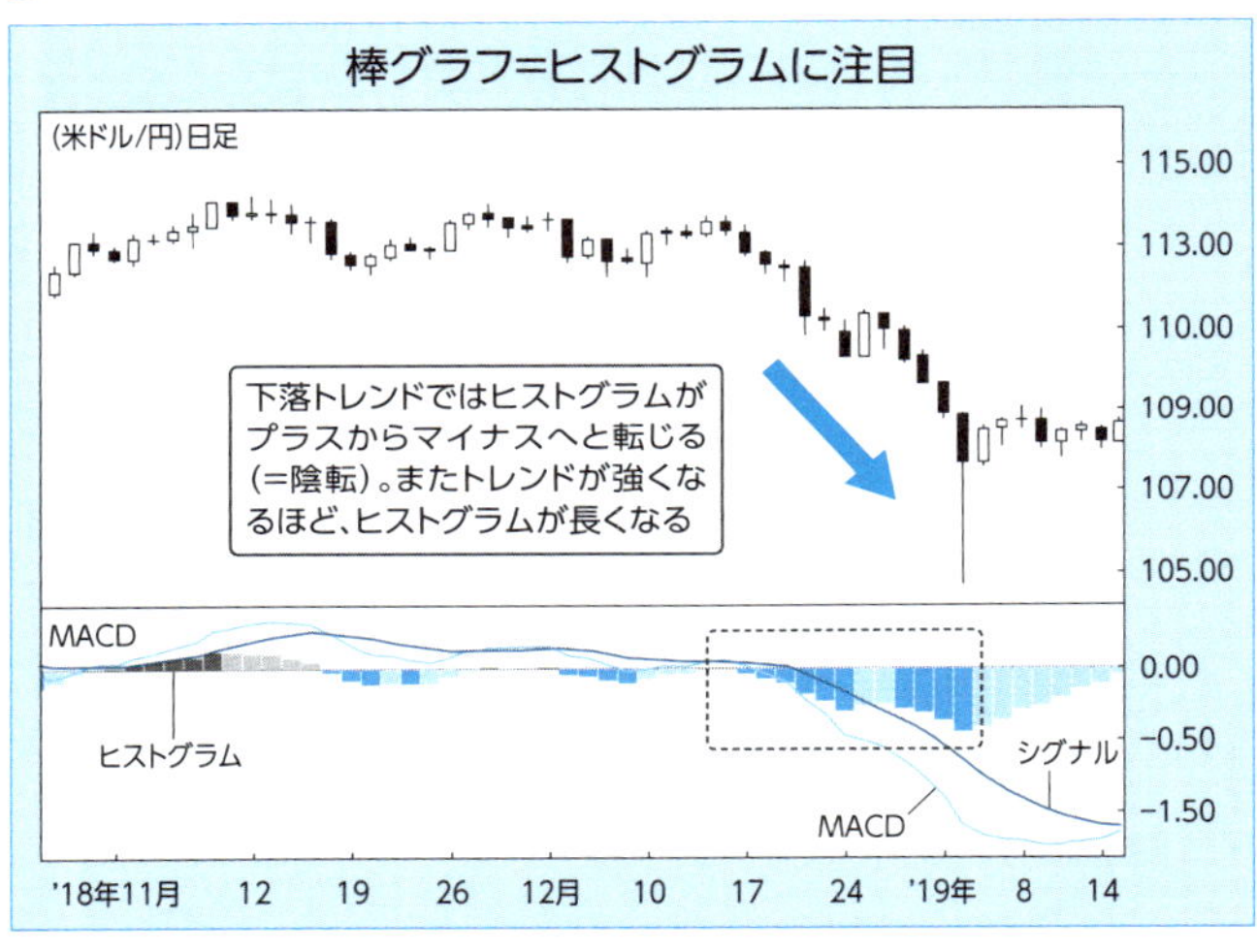

チャートを探してみてください。

この2本のラインですが、ひとつが「MACD」。もうひとつが「シグナル」と呼ばれ、MACDは2本の移動平均線の乖離を示します。MACDがゼロであれば2本の移動平均線が同じ位置にある、つまりクロスしていることになります。移動平均線とMACDを同時にチャートに表示させると、MACDの意味が理解しやすくなると思います。

ただ、MACDで使う移動平均線は「EMA」と呼ばれる特殊な移動平均線なので、その点だけご注意ください。

一方、「シグナル」は、MACDのラインを移動平均化したものです。この2本がクロスしたとき、トレンド発生の可能性があります。

・ＭＡＣＤがシグナルを上抜け＝上昇トレンド発生の可能性
・ＭＡＣＤがシグナルを下抜け＝下落トレンド発生の可能性

さて、僕が一番重視しているのは、棒グラフ＝ヒストグラムです。この棒グラフは、ＭＡＣＤとシグナルとの乖離です。ヒストグラムとトレンドとの基本関係は次のようになります。

・ヒストグラムがゼロより上＝上昇トレンド
・ヒストグラムがゼロより下＝下落トレンド

またヒストグラムが長いほど、トレンドが強いことになります。ヒストグラムが長くなっていればトレンドが強まっていると解釈できますし、長期的に見てヒストグラムが極限まで伸びているようならトレンドが終焉する可能性があるということにもなります。

「今はトレンドが強化中なのか、終わりが近いのか」

迷った時には、ＭＡＣＤのヒストグラムに着目してみてください。

支持線・抵抗線を教えてくれる重要なダウ理論

相場とは潮の満ち引きのようなもので、大きく動いた後にレンジになり、また大きく動き出す、というトレンドを繰り返します。

左ページの図を見ると青いボックスで囲んだ部分はレンジ相場となっています。レンジ相場は買い手と売り手が交錯している状態です。

ボックスの右端の部分では、レジスタンスライン（抵抗線）を上にブレイクして上昇トレンドが生じています。この時、何が起きたのでしょうか。

青いボックスの部分で「抵抗線を上抜けることはないだろう」と売っていた売り手が損切りを迫られます。売りの損切りは、すなわち買いです。売り手の損切りが発生したこと

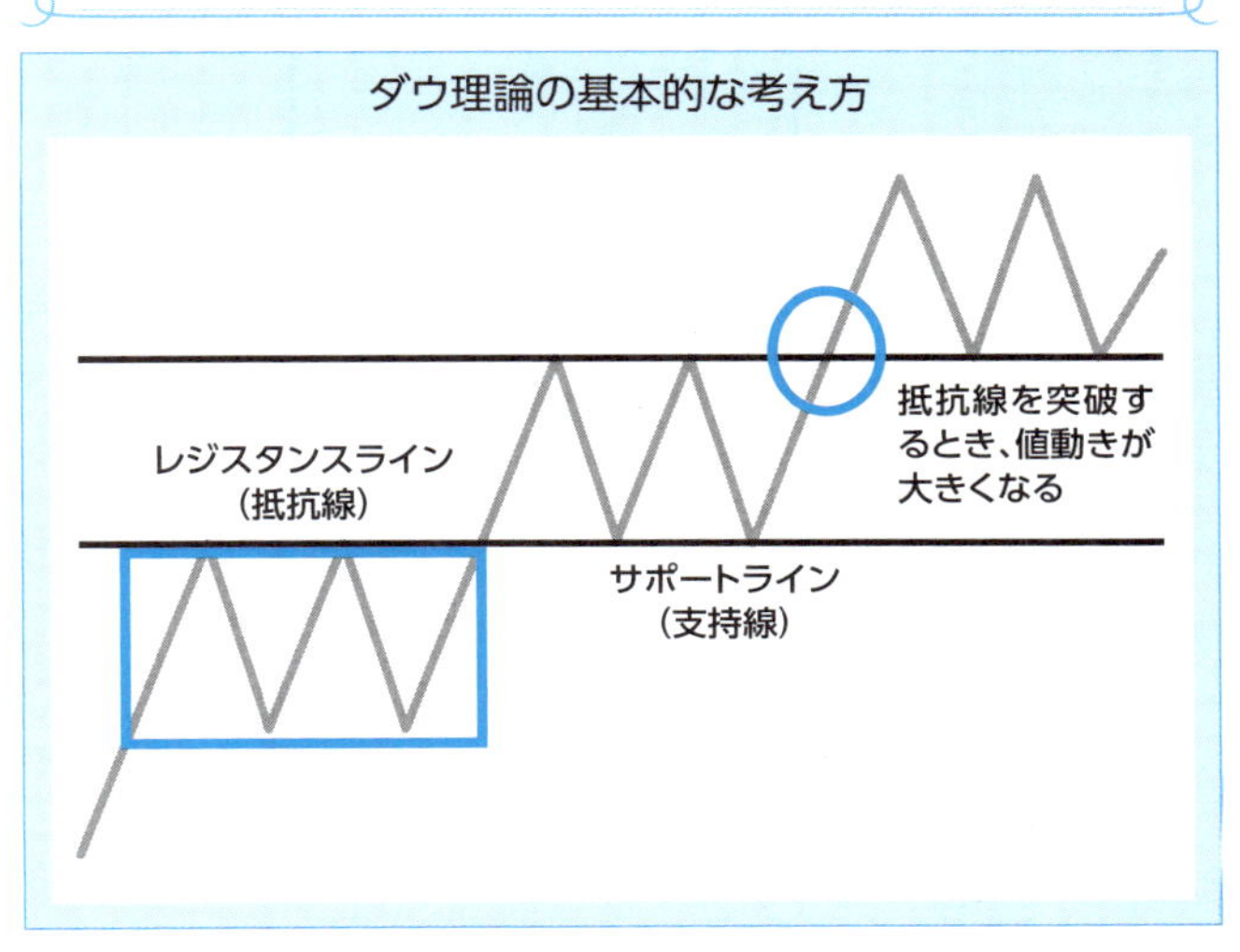

で相場は大きく上に跳ねたのです。

図のように今まで上値のメドだった抵抗線がブレイクされると、今度は役割を転じてサポートライン（支持線）になります。ブレイクとともに満ちた潮はいったん引いていき、再びレンジ相場を形成しながら、上にある抵抗線か、下にある支持線のどちらかをまたブレイクしていきます。相場はこの繰り返しでトレンド相場とレンジ相場を繰り返していきます。

「ここは超えないだろう」と誰もが思うような支持線、抵抗線にはストップの注文が集中します。こういったボックスであるレンジ相場は、デイトレードの場合、欧州開始時間であれば、東京時間の安値・高値が注目されます。ニューヨーク市場になると、今度は欧州時間の高値・安値を起点にこのダウ理論を適用してください。

そうした支持線、抵抗線をブレイクするとストップの注文が一斉に約定し、勢いよく動きやすくなります。特に、日足レベルでの支持線・抵抗線はもっとも重要で、大きなストップロスがあることが多いです。

ダウ理論の優れたところは「どこにストップが集中するか」、すなわち「どこで相場の勢いがつきやすいか」を明確に示してくれる点です。

日足の高値・安値など、重要なレートは常に頭の片隅に置いておいてください。

トレードでもっとも大切なのは「需給と日足」

今度はトレンドについて、市場参加者のポジション動向から考察してみましょう。

左ページの図は英ポンド／米ドルのチャートのサブウィンドウに投機筋のポジション状況を加えたものです。投機筋ポジションについては、すぐ後で詳しく説明します。ここでは、「みんながポンドを買っているか、売っているかを示す指標」だと理解してください。

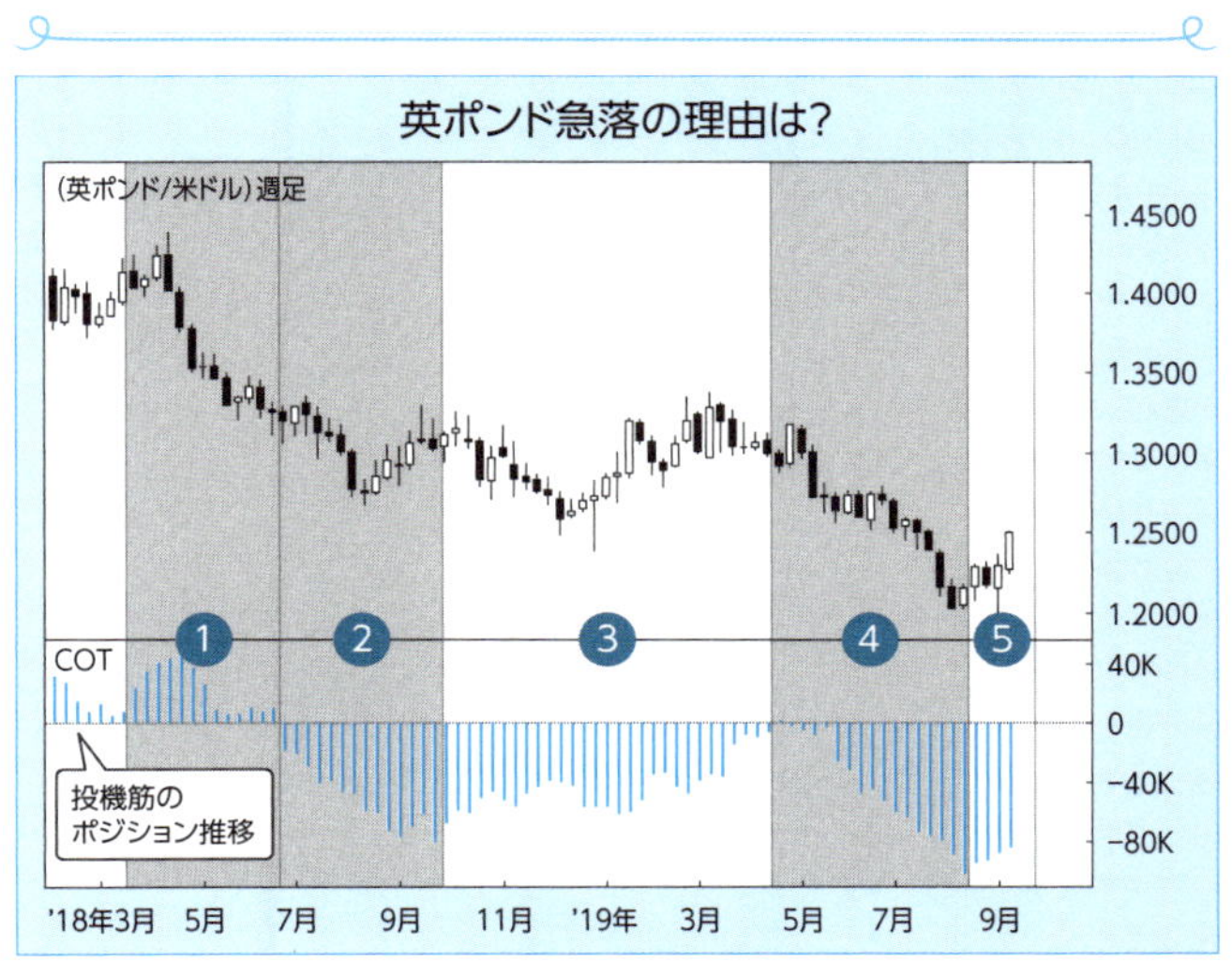

　ゼロよりも上なら買い、下ならば売りです。
　図に示した期間では、英ポンド／米ドルが1・40から1・20まで2000pips以上も落ちています。米ドル／円で言えば20円の下落なので、かなり強烈な下落トレンドです。
　順を追って見ていきましょう。投機筋ポジションは当初、英ポンド買いに傾いていました。①の部分です。しかし②の部分で買いポジションがゼロになり、反対に売りポジションが積み上がっていきます。
　ここで何が起きていたかというと、**①の期間の前半に溜まってきた買いポジションが解消に向かったのです**。買いポジションの解消＝売りですから、英ポンドには下落圧力がかかります。
こうした既存のポジションの巻き戻しは値動きを加速させる要素のひとつですし、ランダム性を低めてくれる重要な要素です。

次に②の期間では、売りポジションが積み上がっていきます。①での下落を見た投資家が売り浴びせたのです。

「既存のポジションの巻き戻し」と、**「新規ポジションの積み増し」**、この2つの推進力が揃ったことで英ポンドは順調に下げていきました。しかし、②で囲んだ四角の右端では投機筋ポジションの売り枚数が8万枚に達しています。

過去に従うと英ポンド売りは8万枚から10万枚程度が限界です。この時も8万枚に達したことで、新たに英ポンドを売ろうという人がいなくなりました。

買いポジションの手仕舞い売りもなく、新規の売りもないため、これ以上は下がれません。その結果ヨコヨコのレンジとなります（③）。ここはランダムウォークの世界なので、手出しする必要はありません。

レンジの期間が長く続いている間に少しずつ、売りポジションが解消されていきます。

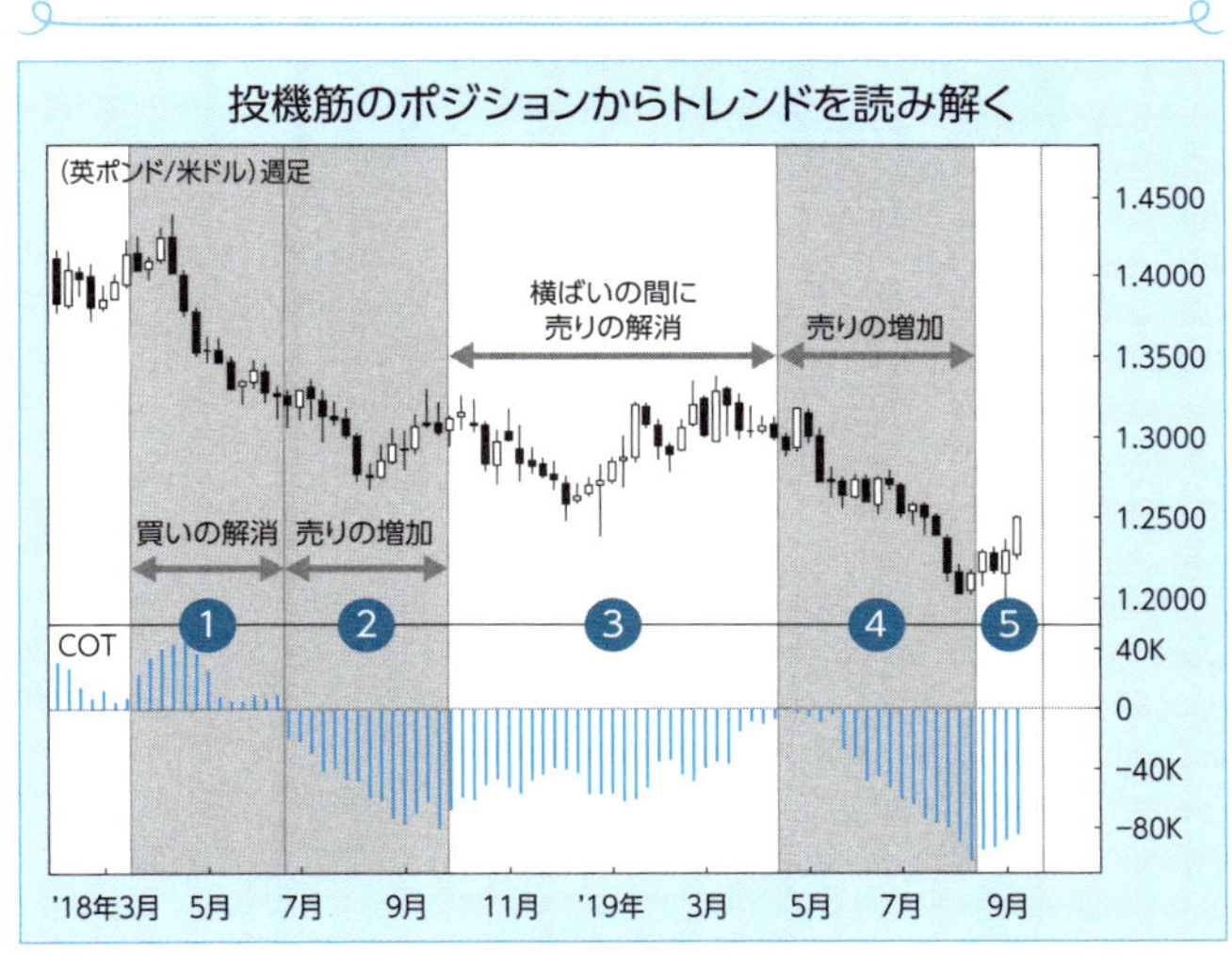

④になると、投機筋ポジションがゼロとなりました。上にも下にも行きやすい状況です。

この場合は英ポンドのファンダメンタルズの悪化もあって、再び新規の売りポジションが積み上がっていき、為替レートも下げていきました。

下落が止まったのは②と同様、売りポジションが8万枚を超えたところです。売りの限界に達したことで売り手がいなくなり、下げ止まりを見た既存の売り手は手仕舞いの買いに動き、今度は短期間に上昇することとなりました。

①トレンド初期の推進力は既存のポジションの巻き戻し

②トレンドを進行させるのは新たな買い手・売り手
③投機筋ポジションが上限に達するとトレンドは止まる
④既存ポジションの巻き戻しによる調整は短期間に大きく動く

といったことがわかるかと思います。特に既存ポジションの巻き戻しはランダム性が低く、狙いやすい場面です。先ほどの図で言えば①や⑤の場面です。

ポジションの状況と、チャートと併用して「売り手たちは、このあたりで損切りするだろう」という節目を見つけて、そこを抜ける動きを狙っていくのは理に適った考え方ですし、僕がよく狙う場面でもあります。

売買比率はどこで見るの？

では、市場のポジション状況（オープンポジション）はどこで見れるのでしょうか。
先ほどの例で使ったのは「ＩＭＭ」、シカゴの通貨先物市場のポジションです。これは為替市場のポジションを示す代表的な指標として使われることが多く、毎週土曜日（日本時間）にアメリカの金融当局が発表します。

ＩＭＭのポジション状況は、ＦＸ会社の配信するニュースで見ることができます。発表元であるＣＦＴＣ（米商品先物取引委員会）のウェブサイトにアクセスすれば、情報ソースを直接確認することも可能です。

ＩＭＭのポジションは「ユーロ」、「円」、「ポンド」など通貨単体で示されます。それは相手通貨がすべて米ドルだからです。ユーロであれば「ユーロ／米ドル」ですし、円であれば「円／米ドル」です。**米ドル／円ではなく順番が逆になっていることに注意してください。**

初心者に気を付けてほしいのは、「円ポジションが買い」とは、米ドル／円で言えば売りです。円買いなので、米ドル／円ならば売り（ドル売り・円買い）になるわけです。反対に「円ポジションが売り」とは米ドル／円なら買い（ドル買い・円売り）になります。

最初は混乱するかもしれないので、迷ったら本書を読み返してください。

このＩＭＭのポジションが買いと売り、どちらかに偏っている通貨がないか。僕は毎週土曜日には必ず確認しています。

どのくらいの枚数（IMMのポジションは1枚、2枚と「枚」で数えるのが通例です）まで積み上がると「大きく偏っている」と言えるのか。**僕が目安としているのは円だと10万枚、ユーロだと10万枚から15万枚くらいが「危険水準」です。**英ポンドだと8万枚から10万枚。豪ドルやNZドルではやや少なく、6万から8万枚程度が限界となります。

この水準を超えてくると、ポジションの解消、巻き戻しが進む可能性が高まってきます。円売りポジションが10万枚を超えていれば、円高が一気に進む。つまりは米ドル／円が急落する可能性がありますし、ユーロ買いが15万枚まで積み上がっていればユーロ／米ドルが急落するリスクを孕んでいる、ということになります。

FX会社が公表する売買比率＝オープンポジション

IMMも参考になるのですが、欠点もあります。**ひとつは発表が週1回に限られること。**それも土曜日に発表されるのは火曜日終了時点のポジションです。水曜日以降の変動は反

他の市場参加者のポジションがわかるオアンダ

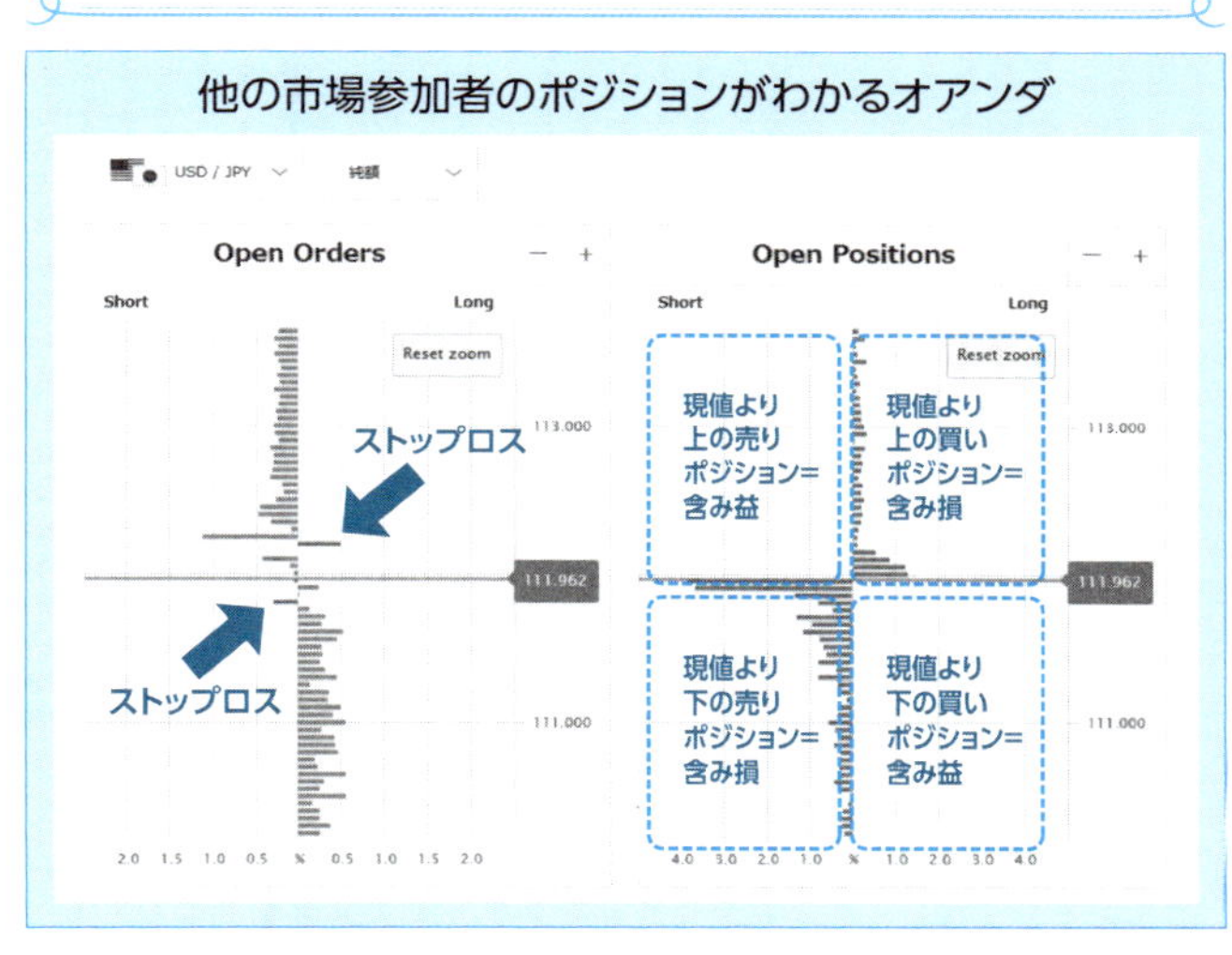

映されませんから、４日前の残像を見ながら判断することになります。

また、ＩＭＭに参加するのはヘッジファンドなどの機関投資家が中心です。**それも参考になるのですが、一方で存在感を高めている個人投資家のポジションは反映されません。**「遅行性」と「参加する投資家の偏り」というＩＭＭの欠点を補うものとして僕が使っているのが、ＦＸ会社の発表する売買比率やオープンポジション状況です。前著で紹介した「オアンダ」もそのひとつです。

オアンダは世界に展開するグローバルなＦＸ会社です。オアンダを利用している人がどんな売買をしているのか。その売買比率を公開してくれています。

ＩＭＭでわかるのは「火曜日終了時点で残っている買いの枚数・売りの枚数」です。市場参加者が「いくらで買ったか・売ったか」はポジションの増減があった週のローソク足から推測するしかありません。

一方、オアンダでは前ページの図のようなグラフ形式で、「いくらに・どのくらいのポジションがあるか」をほぼリアルタイムで教えてくれます。

英・日の大手FX会社もポジションを公開

また、イギリス拠点のＩＧ証券利用者の売買比率も、同社のウェブサイトや「**DailyFX**」というＦＸ情報サイトで見ることができます。同様に、日本でも売買比率を公開するＦＸ会社が増えています。僕がよく参考にするのは「**外為どっとコム**」と「**ワイジェイFX**」です。

オーダー情報や売買比率を提供する主なFX会社

会社名 機能名	更新頻度	口座	横軸	通貨ペア数	情報	取引高（19年5月、100万通貨）
ワイジェイFX みんなのオーダー	1日1回	必要	なし	10	オープンポジション、売買比率	212,939
外為どっとコム 外為注文情報	10分毎	不要	ロット数	12	オープンオーダー、売買比率	185,676
オアンダ ジャパン OANDAオープンオーダー	5分毎	不要	%	16	オープンオーダー、オープンポジション	非公開

注意すべきは、「世界で取引されるのはドルストレートが中心」という点です。ドルストレートとはドルの絡んだ通貨ペアであり、円であれユーロであれ新興国通貨であれ、どんな通貨でも基本となる通貨ペアです。

ところが日本人はどうしても米ドル／円やクロス円の取引が多くなりがちです。約７割が米ドル／円ですし、残りもクロス円が大半を占め、ドルストレートの取引は馴染みが薄いためか、少ない傾向があります。

そのため、ドルストレートを見るときはオアンダやＩＧ証券（ＤａｉｌｙＦＸ）を。日本人の売買を特に見たいとき、クロス円に注目したいときには日本のＦＸ会社で見る、といった使い分けをしています。「**トレードしたい通貨ペアによって情報ソースを変える**」ということです。

ＦＸ会社が発表する売買比率は多くの場合、「絶対量」ではなく「買い45％：売り55％」といったように比率で示されます。「危険水準」となる目安は見る情報ソースによっても変わるのですが、60％、70％となってくると要注意です。

ただし日本のＦＸ会社だとクロス円は買いに偏りやすい傾向があるので、もう少しハードルを高めます。特にトルコリラ／円や南アフリカランド／円のような金利狙いの投資家が好む通貨ペアだと、恒常的に90％以上が買いとなっています。

ＩＭＭによる豪ドルのトレード

ここでひとつ、シンプルなトレード例を紹介します。

'18年10月、ＩＭＭでは豪ドルの売りポジションが過去最大に近い水準まで達していまし

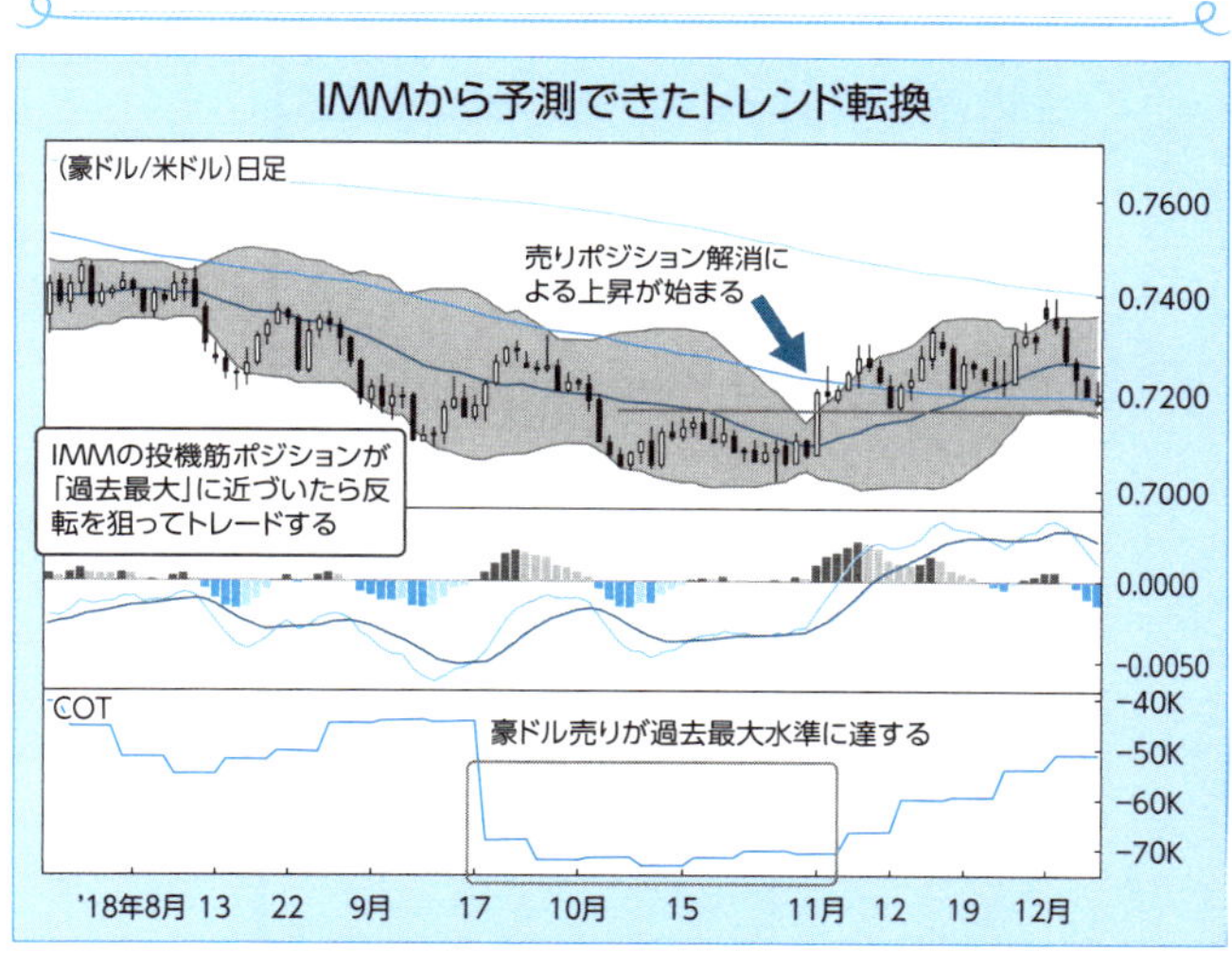

た。アメリカと中国の貿易摩擦が加熱し、中国経済と関係が密接な豪ドルが売られやすくなっていたためです。

IMMの投機筋ポジションは、ポジションが偏っている方向に動きやすい傾向があります。買いポジションが増加傾向ならさらに買われてレートは上昇しやすく、売りポジションが増加傾向ならばさらに売られてレートは下がりやすい傾向があるのです。

ただし、ポジションが「過去最大」や、それに近い水準まで達していたら話は別です。**転換する時期が近いと判断して、むしろ反転を待ち、ポジション解消の方向へエントリーします。**この場合は豪ドルの売りポジション

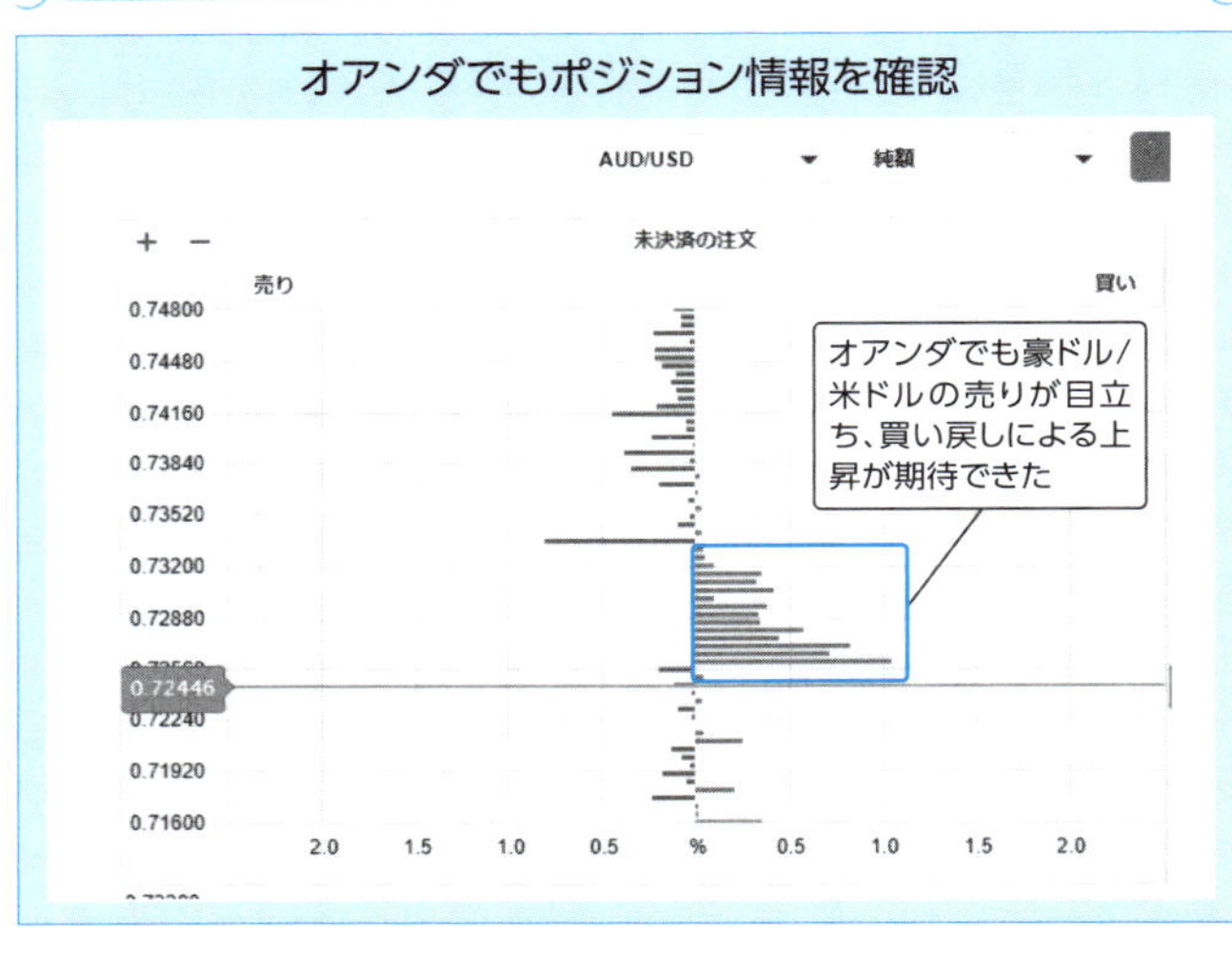

が過去最大に近い水準まで達していたため、その解消＝豪ドル買いのチャンスを待つ、ということになります。

実際に豪ドルが上がり始めれば、売り手の損切りを巻き込んでいくため、勢いよく上がることになります。

この時のオアンダを見ても、豪ドル／米ドルは売り手が多く、その買い戻しが期待できました（上の図）。ＩＭＭを利用するファンド勢だけでなく、個人投資家もショートで苦しんでいるのですから、期待値はさらに高まります。

豪ドルが少しでも買われれば、売り手の損

切りが頻発する状況です。実際に豪ドルは日足で長い陽線を作り、上がっていきました。

エントリーについては、直近高値などにストップがあるでしょうから、そのブレイクを狙っての買い、といったシンプルな戦略で構いません。

IMMの投機筋ポジションを見ていれば、難なく取れた上昇でした。

「ストップ狩り」のメカニズム

FXを取引していると、あたかも自分のポジションが公衆にさらされているのでは？と感じることがあります。

「あと10pipsでストップがついてしまう……」

そんなピンチの時、あなたのストップが約定し、ポジションが狩られてから反転するといった経験をお持ちの方は多いのではないでしょうか。

「自分のストップが見られていたかのように反転した」と感じるかもしれません。その感覚は、おそらく正解です。もちろん、あなたの注文履歴は見られていませんが、**あなたがストップを置くような場所には、たいてい他の投資家もストップを置いています。**

ＦＸでは「負ける相手」を見つけることが、自分が勝つための基本です。負ける相手とは、含み損を抱え、あと少しでストップとなってしまうようなポジションの保有者です。トレンドと反対方向のポジションを抱えていて、しかも、多くの人がストップを置いているだろうレートが近い時は「負ける相手」が明確なため、仕掛ける側からすれば大きなチャンスです。同じように考える投資家が多いため、往々にしてストップを狩りに行く動きが発生します。

ＦＸは、乱暴に言えば「札束を賭けた殴り合い」です。そこで勝つためには、自分の能力を向上させるだけでなく、相手の「懐事情」を知ることも重要です。相手が儲かっているのかどうか。相手はいくらで利益確定するのか。あるいは勝負をあきらめてポジションを投げるのか。**つまり、「ストップがどこに多く置かれているか」を把握しておくことは極めて有用です。**

日本でＦＸが個人に開放されたのは'98年。それほど古い話ではありません。それ以前の為替市場はごく一部のプレイヤーだけが参加する市場でした。銀行などのプロと、銀行を通じて取引する輸出入企業や年金基金などです。輸出入企業などの実需筋も銀行を通じて取引していましたから、銀行のディーラーは彼らの懐事情が見えていました。市場参加者の懐事情が見えていれば、ゲームの難易度は低まります。

「Ａ社は１０５円に買い注文を置いているから、１０５円を割るのは難しいだろう」
「Ｂ社は１０５円割れに損切りの注文を置いているから、１０５円を割れれば勢いよく落ちるだろう」

といった推測ができるからです。

今では規制が強化され、自社の顧客情報を漏らせば厳しい処分が下されますが、以前はディーラー同士の情報の交換も頻繁に行なわれていたようです。

では、現代ではストップに関する情報はどこにあるのでしょうか。答えは、ＦＸ会社です。ＦＸ会社には、「買いと売り、どちらに偏っているか」を示す売買比率だけではなく、オーダー情報もあります。

オーダー情報とは、「他の市場参加者がいくらに/どのくらいの注文を入れているか」です。「オープンオーダー」や「注文情報」と呼ばれ、僕のトレードでは欠かせない情報です。

以前はオアンダや外為どっとコムくらいしか公開していなかったのですが、最近ではワイジェイFXやトレイダーズ証券なども公開するようになってきました。もちろん市場参加者すべてのオーダーではなく、あくまでも、そのFX会社を利用する、ごく一部の人の情報ではあります。しかし、そこから市場全体の景色を推計することはできます。

これをどう使うのか。僕が頼りにしているオアンダの例で説明します。他社でも、考え方や見方は同じです。

次の図は'18年9月14日の米ドル/円の「オープンオーダー」と「オープンポジション」です。

これをどう見るのか、実際に僕がやっている順序で説明します。

オアンダの見方

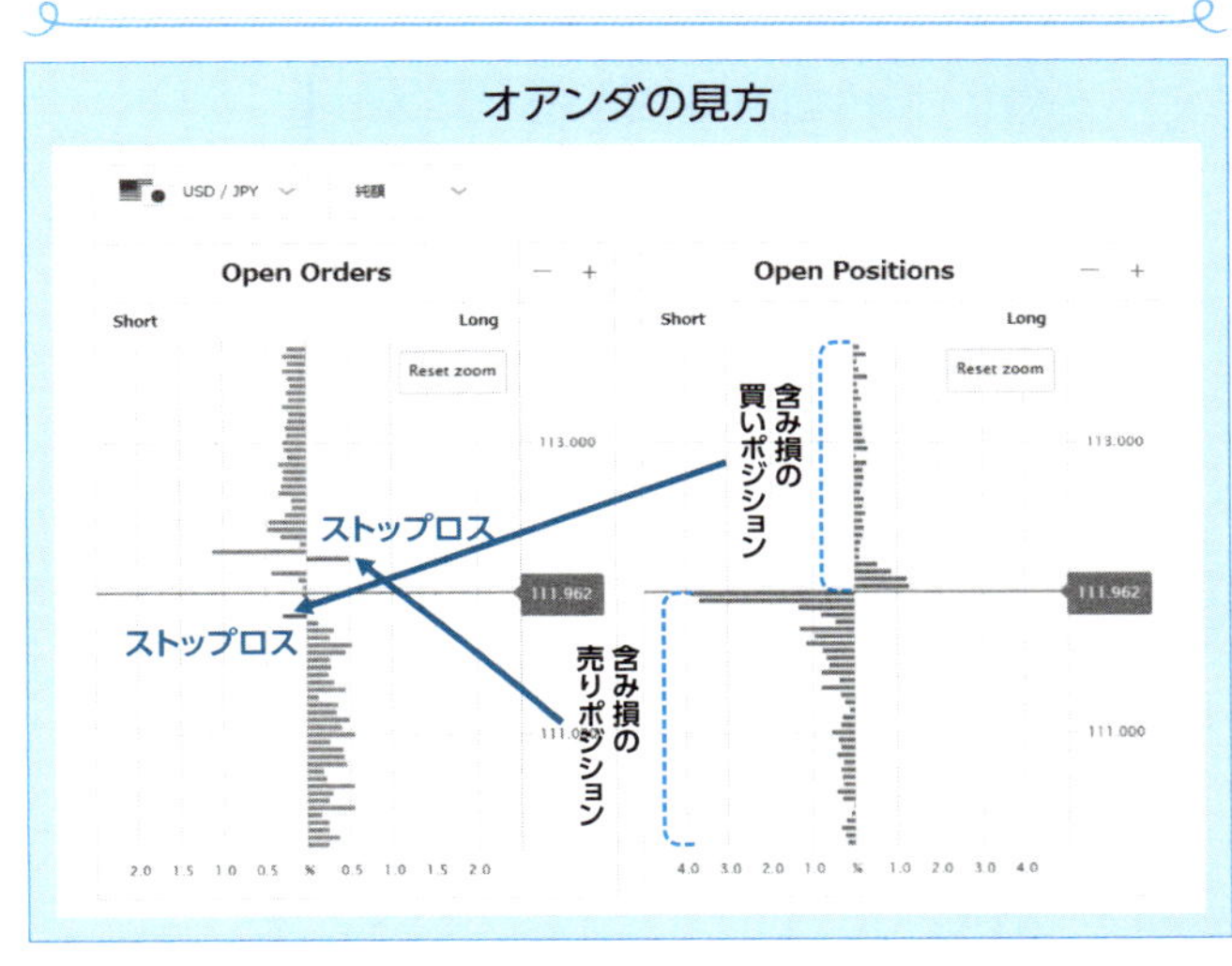

オープンポジションは、オアンダのユーザーが「いくらで／どのくらいのポジションを持っているか」を示す図です。**縦軸がポジションの建値（エントリーしたレート）、横軸は比率です。**

通貨ペアは自分で選択することができます。また、右側のタブではグラフの表示方法を選択可能です。通常だと「非累積」となっていますが、これだとすべてのオーダーが出てきます。**買いと売りを差し引いた「純額」のほうが、オーダーやポジションの偏りが鮮明になり、見やすくなります。**

パソコンやスマホで見ると、グラフの縦棒は2色で表示されます。オレンジとブルーです。オープンポジションだと、オレンジは含み益のポジションです。買いポジであれば今よりも安く買っている人たち、売りポジであれば今よりも高いレートで売っている人たちということです。

ここで注目すべきはブルーです。ブルーで表示されるのは、含み損を抱えたポジションです。今より高値で買ってしまった、今より安値で売ってしまった人です。彼らは含み損を抱えて懐事情が苦しい人たちです。先ほどの図を見ると、目立つのは112円より上で買われたポジションです。このまま下がれば買いポジはいずれ損切りを迫られるだろうと想像できます。

次に考えるのは「彼らはいくらで損切りするだろうか」です。**それを示してくれるのが「オープンオーダー」です。**オープンオーダーもオレンジとブルー、2色で棒が表示されています。オレンジは「今よりも安く買いたい／今よりも高く売りたい」と考えている指値注文です。新規か、利益確定か、いずれかの注文です。

ここでも注目はブルーです。ブルーで示されるのは「今よりも高く買いたい／今よりも安く売りたい」と考えている逆指値注文です。ごく一部、新規もあるかもしれませんが、ほとんどは損切り注文だと考えられます。

ここで最初の設問に立ち戻ってみましょう。米ドル／円のオープンポジションでは112円よりも高いところで買った人がたくさんいました。現在のレートは111円96銭ですから、買い手の多くは含み損を抱えています。

買い手はどこで損切りするのか——。

その答えが示されているのが、オープンオーダーのグラフです。111円50銭よりも少し上にブルーの棒が表示されています。これが112円オーバーでの買い手の損切りだと推測できます。

後は相場の状況を見ながら、ストップを狩りにいく動きがすぐ発生するなら売りですし、あるいは113円には大きな売り注文が見えていますから、いったん113円付近まで戻す可能性も考慮しながら戻りを売っていくか――。**チャートを見なくても、オーダー情報だけでトレードの戦略を組み立てることができるのです。**

オープンオーダーの欠点を補うオプション情報

オアンダは非常に便利なのですが欠点もあります。

一業者のデータであって、全体像を示すわけではないこと。それに絶対額ではなく比率で示されているため、オーダーの大きさがわからないことです。

そのため、オアンダだけを見ていると判断を誤る可能性もあります。この欠点を補うものとして、為替情報の配信会社が提供する情報があります。

ＦＸ会社に口座があると、ロイターなどの通信社、ＦＸｉ24、Ｋｌｕｇ（クルーク）、ｆｘｗａｖｅ、フィスコなど投資家向けニュース配信会社のニュースを読むことができます。こうした中には銀行などのオーダー情報を教えてくれるものがあります。

業者によって読めるニュースが違うのですが、僕が利用するのは「FX ORDER」（FXオーダー）というアプリです。個人投資家の「りょー」さんが作成したアプリで、「TRADER'S WEB FX」という為替情報サイトにあるオーダー情報を見やすく表示してくれます。

FXオーダーを利用するとインターバンク市場のオーダー（の一部）が見えるため、オアンダと併用することで、判断の確度を高めることができます。もちろん、望ましいのはオアンダとFXオーダーが一致することです。

また、FXオーダーでは「オプション」が設定されたレートも表示してくれます。為替市場ではオプションの影響力も大きなものがあります。

105円に大きな金額のオプションが設定されていると、105円前後から離れにくくなったりすることがあります。上下を大きなオプションに挟まれてレンジになってしまう、といった動きが米ドル／円ではよく見られます。

ファンダメンタルズ的にはトレンドが出そうだと思っても近くに大きなオプションが設定されていれば、レンジとなる可能性が高そうだと判断できます。

ただし、オプションには期限があります。「NYカット」です。**オプションの影響でレンジとなっていても期限が到来すれば、ボラティリティの拡大が期待できます。**

「戻りを売る／押し目を買う」

株式投資では「5日連続ストップ安！」「3日連続ストップ高！」というような勢いのある言葉が躍ることがあります。強烈な材料が出ると個別株は一方的な値動きが発生し、1週間で20％、30％と急騰、急落することも珍しくありません。

一方で、為替市場では1週間で30％動くことはまず考えられません。30％は、米ドル／円で言えば約30円ですから、1週間で30％動いたとしたら日本が破滅的な状況にある時でしょう。株に比べると極端な値動きが発生しにくいのは、個別株に比べて為替市場の流動性は膨大で、またストップ高・ストップ安のような制度がないためです。AIやHFTの影響もあるでしょう。

為替市場では極端な値動きが発生しにくい。テクニカル分析に即していえば、「ローソク足は移動平均線から大きく乖離にしにくい」「ローソク足が移動平均線から乖離しても戻ってきやすい」ということになります。

トレンドが発生すればローソク足は日足の移動平均線から乖離しますが、その乖離幅が大きくなるほど、さらにトレンドが進む可能性は低くなります。期待値が低下する、ということです。トレンドフォローでエントリーするならば、日足の移動平均線から大きく乖離したときに入るべきではないということです。乖離幅が大きな場面でエントリーすれば、それだけ期待値は低下します。

エントリーする時には、**上昇トレンドであっても一時的に為替レートが低下する場面である「押し目」や、下落トレンド中に一時的に上昇する場面である「戻り」を狙って入るようにしてください**。

移動平均線からどの程度の乖離まで許容されるかは、トレンドの強さや通貨ペアの特性によっても変わってきます。過去のチャートと照らし合わせてみるといいでしょう。

Chapter 4

ファンダメンタルズ分析とは食材探しである

「旬の食材＝通貨ペア」をどこで仕入れるか

時間とランダム性の関係、トレンドとオープンポジションについての関係がわかったところで、いよいよ本論に近づいていきましょう。

ＦＸが料理であるとするならば、おいしい料理を作るには包丁・食材・腕の３つが必要です。そのうちの食材に当たる部分を僕がどう考えるか。その解説が本章にあたります。

ＦＸにおける食材とは、すなわちファンダメンタルズであり、通貨ペアです。

「自分は米ドル／円しか取引しない」と通貨ペアを絞っている人もいますが、それは良手とは言えません。'17年からの2年間、米ドル／円はごく狭い範囲での値動きに終始しました。ボラティリティは過去最低を更新し、'18年に至っては上下10円幅にも満たないレンジ相場となっていました。

ＢＩＳ（国際決済銀行）の調査資料を見ても、米ドル／円の取引量は低ボラティリティ

米ドル／円の年間変動率と値幅

年	値幅	変動率	年	値幅	変動率	年	値幅	変動率
1971	35.86円	10.0%	1987	32.90円	20.8%	2003	15.20円	12.8%
1972	20.84円	6.6%	1988	17.00円	14.1%	2004	13.13円	12.3%
1973	48.12円	16.0%	1989	28.70円	23.0%	2005	19.75円	19.3%
1974	30.92円	11.0%	1990	36.65円	25.5%	2006	10.90円	9.2%
1975	22.18円	7.4%	1991	14.81円	11.0%	2007	16.92円	14.2%
1976	19.96円	6.5%	1992	16.30円	13.1%	2008	24.83円	22.3%
1977	53.16円	18.2%	1993	25.96円	20.8%	2009	16.61円	18.3%
1978	65.37円	27.5%	1994	17.60円	15.8%	2010	14.68円	15.8%
1979	56.27円	28.9%	1995	25.05円	25.2%	2011	9.94円	12.2%
1980	54.90円	23.0%	1996	11.88円	11.5%	2012	10.61円	13.8%
1981	47.05円	23.2%	1997	21.15円	18.2%	2013	19.14円	22.2%
1982	58.90円	26.9%	1998	36.06円	27.6%	2014	21.09円	20.1%
1983	20.30円	8.8%	1999	23.56円	20.8%	2015	10.00円	8.4%
1984	26.40円	11.4%	2000	13.72円	13.4%	2016	22.75円	18.9%
1985	62.70円	25.1%	2001	18.54円	16.2%	2017	11.29円	9.7%
1986	50.70円	25.3%	2002	19.71円	15.1%	2018	9.92円	8.8%

に影響されて、取引高が減少していることがわかっています。トレンドレスでランダムウォークな相場が大半を占めていたことになりますから、ドル／円に固執して、トレンドフォローを狙ったトレードをしていると損切りを繰り返すことになります。

「レンジ相場向きの手法を使えば勝ちやすい相場だったのでは？」

と思うかもしれません。しかし、'19年1月にはレンジを底抜けして数分で4円以上も下落するフラッシュ・クラッシュが発生しました。レンジ手法を利用していた人の中には、それまでの利益を吹き飛ばした人もいました。

たとえ損切りの逆指値注文を入れていても、瞬間的な暴落時には流動性が枯渇し、想定外の損失を被ることになります。

米ドル／円のボラが史上最低レベルなのであれば、それは「為替市場の旬は米ドル／円ではない」ということを意味するのです。

「通貨そのもの」と「通貨の強弱」はまったく違う

ここで為替市場の性質について考えてみましょう。本書をきっかけにＦＸに取り組もうとする人もいるかと思いますので、少し基本的な話にまで立ち戻って説明していきます。

株式市場で売買される株券を発行するのは企業です。その株が上がるかどうかは、ひとえに企業の業績にかかっています。「企業そのもの」が主たる分析対象です。では、為替市場で分析すべき対象は何になるのでしょうか。

株式市場では「企業そのもの」が分析対象でしたから、これにならって言えば為替市場は「通貨そのもの」が分析対象となります。

しかし、それは間違いです。なぜならば、ＦＸで売買するのは「通貨そのもの」ではなく、「通貨と通貨の交換レート」だからです。「今日の米ドル／円は１０５円だ」と言った時に、「１０５円」という数字が示すのは、米ドルと円との交換比率です。さらに言えば「米ドルの価値を円というものさしで測った数字」です。

米ドルの価値を測るために使う物差しを円ではなくユーロにすれば、米ドルのレートは変わります。しかも、物差しに使った円やユーロの価値も相手通貨や時間によって絶えず変わっています。

米ドル／円の分析をする時、米ドルだけを見ていては全体を捉えることはできません。円を同時に分析する必要があるのです。

米ドルが強くなっていれば、米ドル／円はたしかに上がりやすくなります。でも、米ドル以上に円が強くなっていれば、米ドル／円は下落します。リスクオフの時によく見られる動きですね。

逆に円が弱くなる以上に米ドルが弱くなれば米ドル／円は下がります。'19年の動きはこの状態と言えます。日本はマイナス金利、アメリカは利下げと、両国ともに緩和的な金融政策を行なっていますが、アメリカのほうがインパクトはより大きいために米ドル／円の下落が続きました。

株式投資では「企業そのもの」に注目すればいいのに対して、**FXでは「2つの通貨」に着目し、「どちらが強いのか」と考えないといけません。** これがFXの大きな特徴です。では、「どちらが強いのか」を考えるために具体的に何をすればいいのでしょうか。手がかりはふたつあります。

ひとつはチャートです。移動平均線と呼ばれる過去の値動きを平均化したテクニカル分析を使えば、「今、どちらの通貨が強いのか」を容易に判断することができます。

そしてもうひとつが、ファンダメンタルズ分析。特に金融政策です。株価を決める要因の多くが「企業そのもの」であるのに対して、**「通貨そのもの」の価値は中央銀行の金融政策によってコントロールされます。**

日本銀行が今、行なっている金融緩和は「通貨安政策」です。円を安くしようとする政策で、「円そのもの」を見れば売りとなります。しかし、先ほど説明した通り、為替レートは交換比率ですから、米ドル／円なら「円と米ドルの強弱」で決まります。日本銀行が通貨安へ誘導しようとしても、それが成功するかどうかはアメリカを見ないといけません。アメリカの中央銀行であるＦＥＤ（Federal Reserve System）は'19年から利下げへに転じました。前年までは利上げしていたので、「タカ派」から「ハト派」への転換です。

ちなみにＦＸでは、このタカ派、ハト派は頻出単語です。タカ派は将来を強気に見る立場で金融政策では利上げなど引き締め方向を指します。通貨への影響で言えば「通貨高」です。一方のハト派は将来を弱気に見る立場で、「通貨安」方向への影響になります。

さて、ずっとハト派だった円と、タカ派からハト派へと急転換した米ドルを比べると、より弱いのは米ドルです。為替市場では、「中立から利上げへ」「金融緩和から緩和終了へ」といったスタンスの転換が大きなインパクトを与えるためです。

「そんな面倒な分析をやらないといけないのか」とくじける人もいるかもしれません。でも、**約3600社もの企業が対象となる株式投資と違って、為替市場で売買されるのは主に8通貨です**。米ドル、円、ユーロの主要3通貨。そして英ポンド、スイスフランの欧州通貨。豪ドルとNZドルのオセアニア通貨。それにカナダドルだけです。

初心者ならば、いきなり8通貨を監視すると理解が追いつかないでしょう。まず米ドル、円、ユーロの主要3通貨をチェックし、慣れてきたらオセアニア通貨や英ポンドを加え、さらに余裕があればスイスフランとカナダドルも見ていく……といった順序がいいと思います。

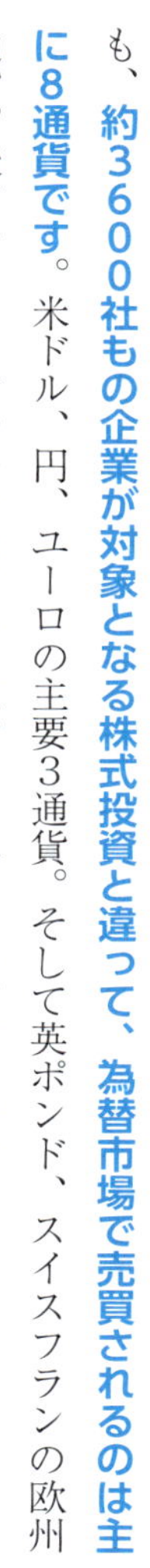

「旬」の見極めがファンダの役割

様々な通貨を取引できるFXですが、為替市場には旬の通貨であるリーディングカレンシーが存在することはすでに説明しました。市場参加者の多くが注目し、取引するような通貨です。「旬の通貨」は値動きが読みやすく、またボラも拡大するため、「勝ちやすい通貨」とも言えます。

よって、旬の通貨探しを間違えなければ、100戦100勝とはいかなくとも、負けにくくなると言えます。

では、どの通貨が旬なのか。これを考えるときに重要になるのが、ファンダメンタルズ分析です。ファンダメンタルズ分析といっても経済指標を細かく分析したり、エコノミストのように中央銀行の声明文を一言一句まで読み込む必要はないので安心してください。

ファンダメンタルズでもっとも注目すべきなのは金融政策です。

大相場には様々な条件がありますが、為替市場で扱うのは通貨ですから、**通貨の価値に直結する金融政策の変更**（金融緩和の開始や打ち止め。利上げ、利下げなど）は大きな変動要因となります。

中でもアメリカの金融政策発表が行なわれるＦＯＭＣは最重要項目です。アメリカの金融政策は世界経済全体に影響を与えるため、株価指数や米ドルの動向に強い影響を与えます。米ドルや株価が動けば、米ドル以外の通貨も変動せざるを得ません。ユーロ圏であればＥＣＢ（欧州中央銀行）の会合です、ユーロの動向によっても他通貨が動きます。

意識すべき金融政策&指標発表

指標	地域	発表時期	説明
CPI（消費者物価指数）	アメリカ	15日前後22時30分 (夏時間:21時30分)	政策金利などの金融政策を決める上で重要な役割を果たす。CPIが上がれば金融政策は引き締め(利上げや金融緩和の縮小)方向へ、下がれば緩和方向へと動きやすい
	日本	19日を含む週の金曜 8時30分	
HICP	ユーロ圏	初旬19時 (夏時間:18時)	
米雇用統計	アメリカ	第1金曜日22時30分 (夏時間:21時30分)	FEDは「雇用の最大化」を使命とするため、注目される

では、金融政策はどうやって決まるのでしょうか。

日本銀行のウェブサイトには、その理念として「物価の安定を図ることを通じて国民経済の健全な発展に資するため、通貨および金融の調節を行なう」とされています。つまり、「物価の安定」のための手段として金融政策がある、ということです。これは他の国の中央銀行でも基本的に同じです。

ただし、アメリカの中央銀行であるFEDは、「デュアル・マンデート」といって、**「雇用の最大化」がもうひとつの使命として課せ**

られています。日本やユーロ圏では物価が金融政策変更のトリガーとなるし、アメリカでは物価に加えて雇用関係の指標がトリガーになるということです。

物価指標の代表格がＣＰＩ（消費者物価指数）です。ニュースで耳にする機会もあるかと思います。ＣＰＩは日米欧のいずれも中旬に発表されます。ユーロ圏だけは呼び方がＣＰＩではなく、「ＨＩＣＰ」となりますので気をつけてください。

また、アメリカではＣＰＩに加えて、雇用統計も大きな注目を集めます。米雇用統計は基本的に、毎月第１金曜日に発表されます。

経済指標は毎日、様々なものが発表されますが、ほとんどは値動きにインパクトを与えません。初心者はまず主要国のＣＰＩと米雇用統計を意識して、慣れてきてから監視対象を広げていくといいでしょう。

金融政策をどうトレードに活かすのか

僕がファンダメンタルズ分析の重要性に気が付いたのも、**金融政策に着目したトレード**

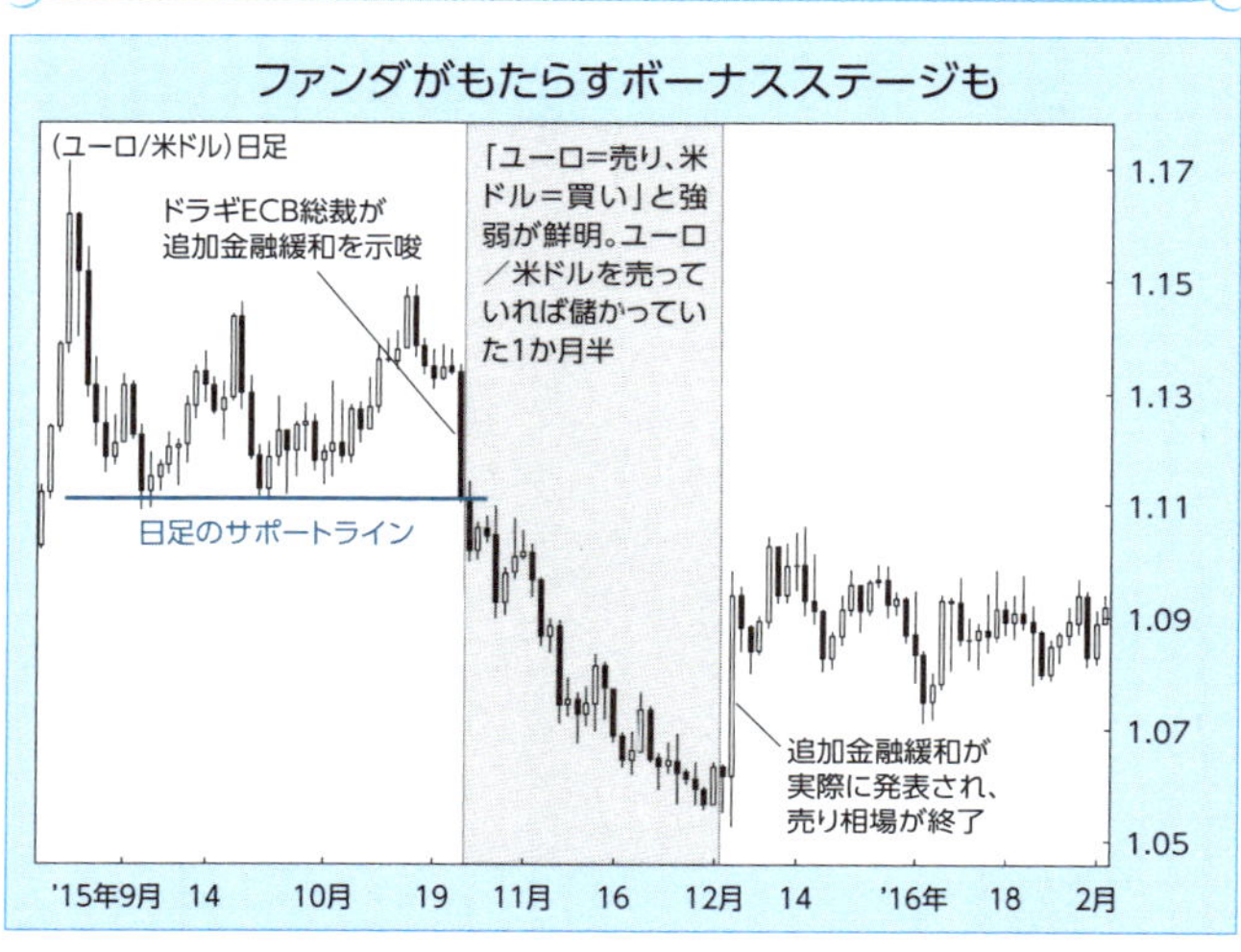

での成功がきっかけでした。

'15年11月、ユーロ圏では次回のECB会合で追加金融緩和への期待が高まっていました。金融緩和は売り材料です。旬の通貨としてユーロがあり、方向性はユーロ売り、ということになります。

この時期、マーケットにはもうひとつの旬がありました。米ドルです。ひと足先に金融緩和の終了を決めていたFEDは利上げ開始時期をうかがっていました。

10月のFOMCでは利上げが見送られたことから、「12月にはいよいよ利上げでは」との期待が高まっていたのです。利上げ＝買い材料ですから、「米ドル買いが旬」となっていたことになります。

すでに説明したように**FXで取引するのは「通貨そのもの」ではなく、通貨ペアです。**一方で買い材料があっても、他方でも買い材料が出ていれば、その通貨は動きにくくなります。**反対に一方では買い材料、他方では売り材料と、強弱が鮮明だとボラは高まりやすくなります。**

'15年11月のユーロ／米ドルがまさにそうでした。「ユーロは追加金融緩和で弱い」「米ドルは利上げ期待で強い」と強弱が鮮明な状況だったのです。これぞ、旬な通貨です。

実際にユーロ／米ドルは1か月強で550pipsほど下落しました。ドラギECB総裁（当時）が追加金融緩和を示唆してから売り始めても、充分すぎるほどの利幅が取れました。

このように2通貨のコントラストが鮮明になると、強いトレンドが発生しやすく、容易に稼ぐことができます。

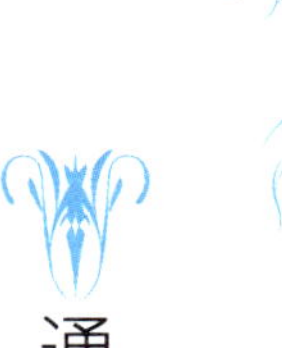

通貨単体の強さを示す強弱チャート

ファンダメンタルズ分析は通貨ペア選びの土台となるのですが、初心者にはニュースの重要性が判断しにくいことも理解できます。また、「これは重要だろう」という発言やイベントであっても、相場が反応しないこともあります。

ユーロ圏で重要に思えるニュースが出た時に、ユーロ/米ドルが上がっているとします。その時、可能性はふたつあります。ひとつは、ニュースに反応してユーロ高となっているケース。もうひとつは、米ドルの動きに引っ張られているだけのケースです。

前者か後者かを確認する方法は、2通りあります。

まずはユーロとその他の通貨の通貨ペアである「ユーロクロス」を複数チェックして、「いずれもがユーロ安に動いているのか」を確認する方法。そしてもうひとつが、これから紹介する**「通貨単体の強弱」を確認する方法です**。

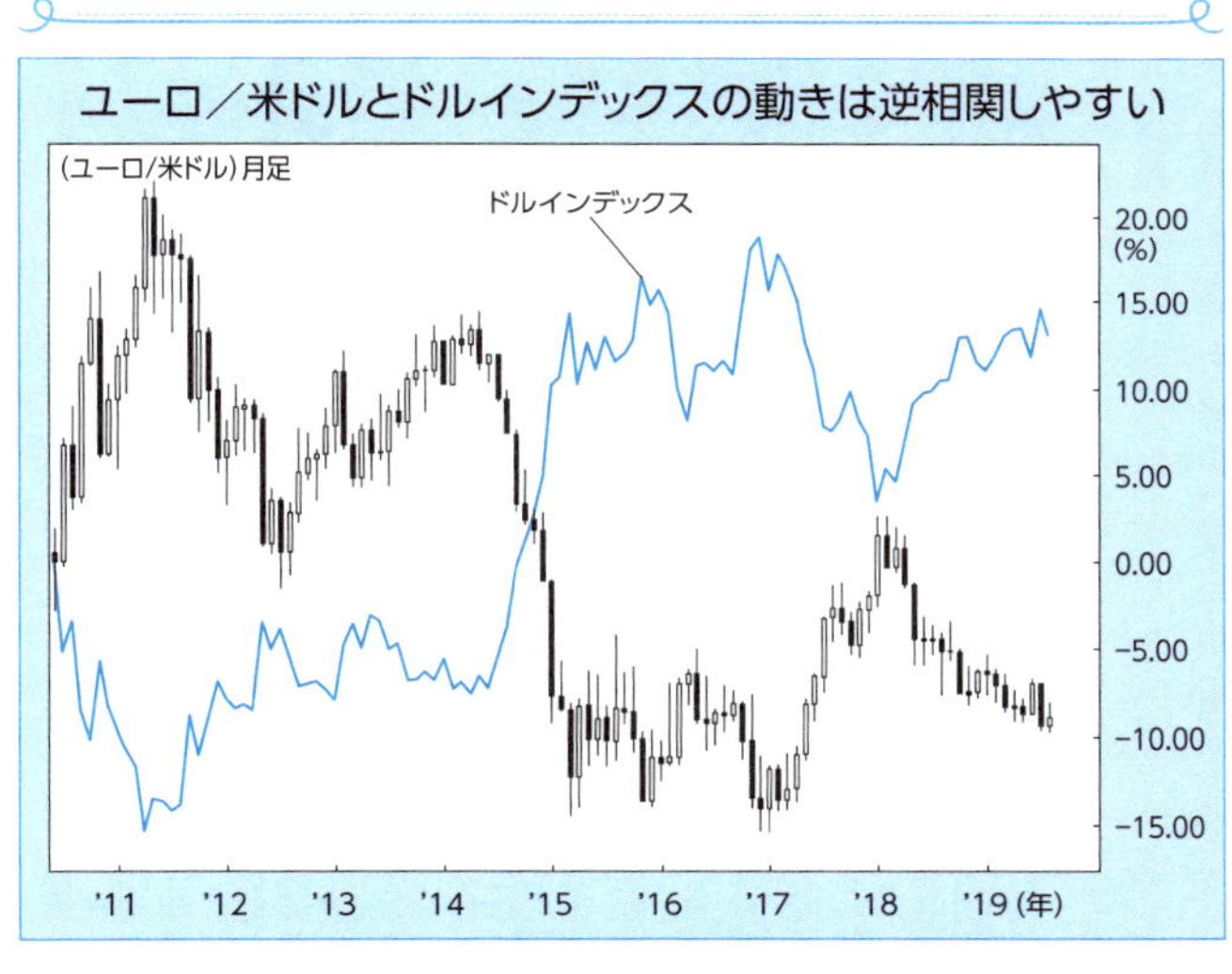

通貨単体の強弱を見る代表的な指数は「ドルインデックス」です。対ユーロや対円など、複数の通貨ペアでの米ドルの動きを総合して、「米ドル単体」の値動きを示してくれる指数です。ドルインデックスにはいくつかの計算方法がありますが、いずれもユーロ／米ドルが最大の比率を占めています。

ドルインデックスを見れば、「米ドル単体」が買われているのか、売られているのかが一目瞭然となるため非常に役立つ指数です。

複数あるドルインデックスの中で僕が見ているのは、「**NYBOT**」（ニューヨーク商品取引所）に上場しているドルインデックス（**略号：DXY**）です。市場が開いている間、リアルタイムで更新されるため、トレードに使いやすいのがＤＸＹの特徴です。

ＤＸＹは６つのドルストレート通貨ペアから構成され、57％が対ユーロとなっています。ユーロ／米ドルの影響が非常に大きいことがわかります。ユーロに次ぐのは円ですが、その構成比率は13％にすぎません。残りは英ポンド、カナダドル、スウェーデンクローナ、スイスフランです。

同じように「円単体」の値動きを示す「円インデックス」（ＪＸＹ）や、「ユーロ単体」の値動きを示す「ユーロインデックス」（ＥＸＹ）などの指数もあります。インターネットで検索すればＤＸＹのチャートはすぐに出てくると思いますし、僕が利用しているのは「ＴｒａｄｉｎｇＶｉｅｗ」というブラウザ上で表示されるチャートです。銘柄欄にＤＸＹやＪＸＹ、ＥＸＹとティッカーを入力してみてください。

カリスマが作った強弱チャート

ドルインデックスも便利ではあるのですが、「今、急変した為替市場で、強弱がどうな

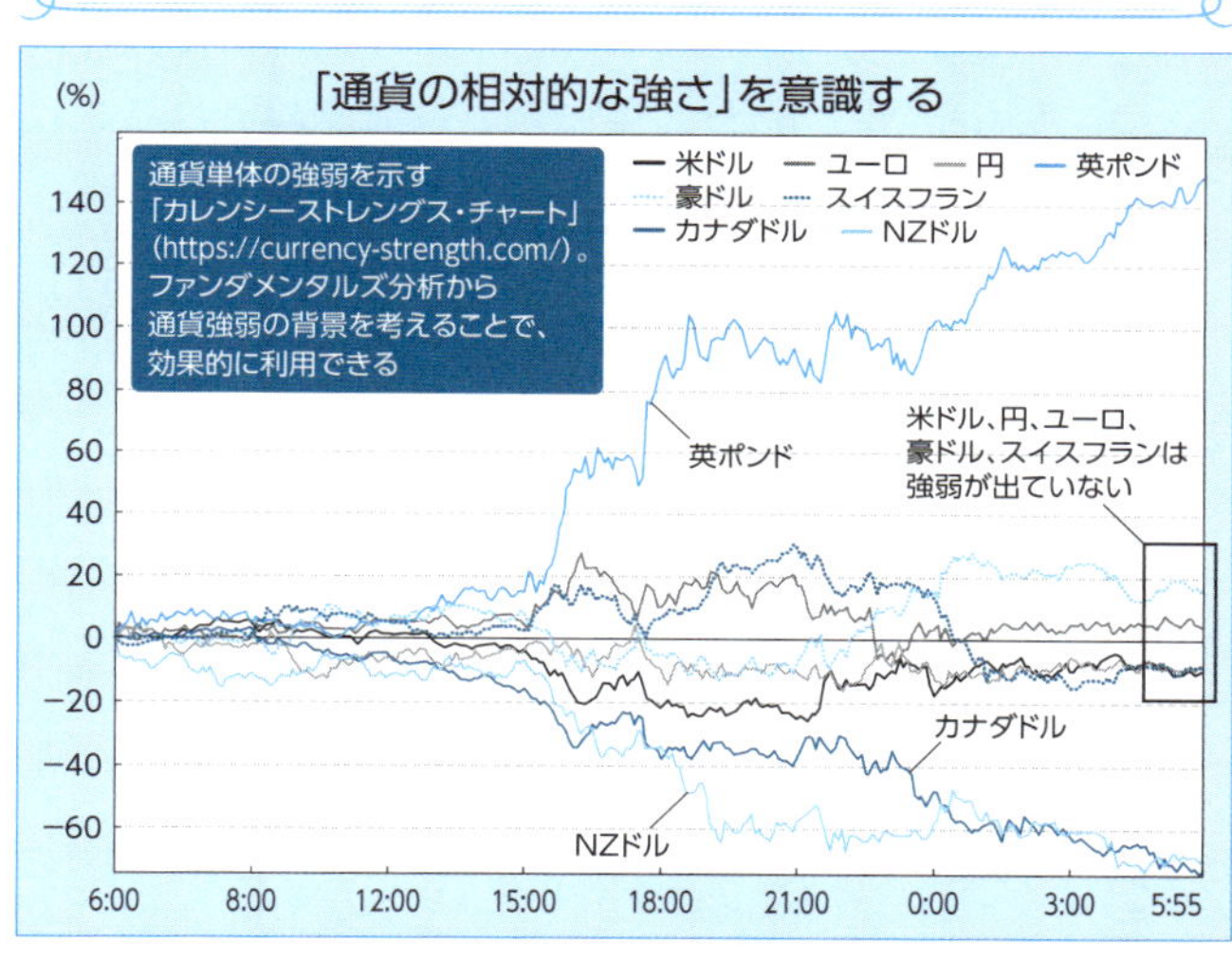

ったのか」を確認するのに、もっと便利なツールがあります。通貨単体の強弱をリアルタイムで示してくれるチャートがあるのです。

外資系金融機関で活躍し、現在は個人投資家としてトレードする「くーちゃん」さんが開発した「**Kuチャート**」がその先駆けですし、同じような発想のチャートはインターネット上で簡単に見ることができます。SNSでよく見かけるものだと、「**カレンシー・ストレングスチャート**」（https://currency-strength.com/）があります。

こうした強弱チャートを見ることで、「今のリーディングカレンシーが何か」を読み解くことが容易になります。

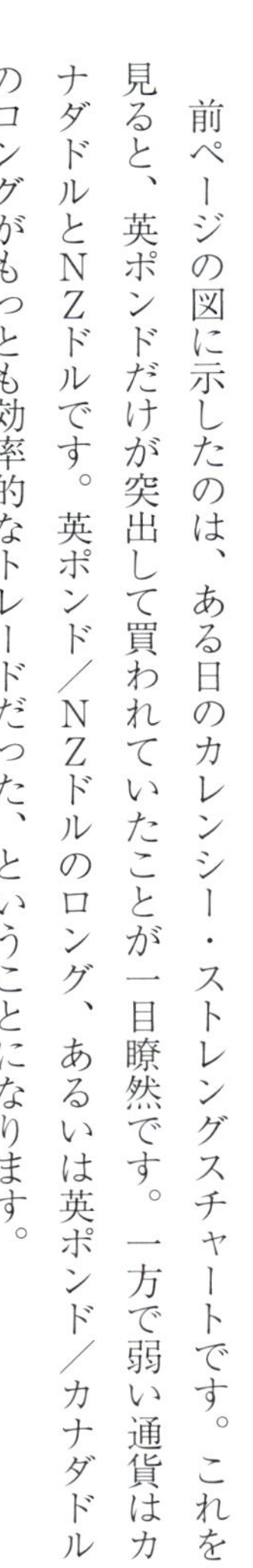

前ページの図に示したのは、ある日のカレンシー・ストレングスチャートです。これを見ると、英ポンドだけが突出して買われていたことが一目瞭然です。一方で弱い通貨はカナダドルとNZドルです。英ポンド／NZドルのロング、あるいは英ポンド／カナダドルのロングがもっとも効率的なトレードだった、ということになります。

ただ、これはあくまでも結果論です。この強弱チャートだけでは英ポンド／NZドルがさらに伸びるかどうかは判断できません。伸びるかどうかを判断するのは、ファンダメンタルズ分析だということになります。

英ポンドのポジションが売りに偏っている、日足は上昇を示唆している、ノーディール・ブレグジットのリスクは後退している、といったような状況が整い、さらに強弱チャートでも英ポンドが強いようならば、さらに伸びるだろう。といった判断を下せることになります。強弱チャートだけでなく、その強弱をもたらしている理由――「因果関係」を考える、ということです。

通貨はグループ分けして理解する

通貨はグループに分けて覚える

リスクオフ	リスクオン
買われやすい	**買われやすい**
●債券 ●逃避通貨(円、スイスフラン) ●米ドル	●株式 ●オセアニア通貨(豪ドル、NZドル) ●新興国通貨 (トルコリラ、南アランド、メキシコペソ)
売られやすい	**売られやすい**
●株式 ●オセアニア通貨(豪ドル、NZドル) ●新興国通貨 (トルコリラ、南アランド、メキシコペソ)	●債券 ●逃避通貨(円、スイスフラン) ●米ドル

主要通貨は地理や特徴から、いくつかのグループに分けることができます。

- **欧州通貨＝ユーロ、英ポンド**
- **オセアニア通貨＝豪ドル、NZドル**
- **避難通貨＝円、スイスフラン**

避難通貨とは、リスクオフ時に資金の逃避先となり買われやすい通貨のことです。また、**同じグループにある通貨同士は、お互いに影響を与えることがあります。**「英ポンドの上昇に引っ張られてユーロが上がる」「豪ドルの下落につられてNZドルが下がる」といった関係です。

この他にも、「資源国通貨」として豪ドル

やNZドル、カナダドルをひとまとめにすることもできますし、トルコリラや南アフリカランドは「新興国通貨」とグループ分けできます。

同グループ内の通貨が同じ方向に動きやすいということは、逆に言えば、豪ドル／NZドルやユーロ／英ポンドはボラが出にくい、ということになります。

トレンドフォローを狙うなら、同グループ内の通貨同士のペアは、よほどの対称性や強弱が出ていない限り、取引対象として選択するのは得策ではありません。

「ジブリの法則」が示唆する真実とは？

FXでは「因果関係」を考えることも大切です。因果関係を考えることが、すなわちファンダメンタルズ分析でもあります。

・アメリカが利下げすることで、米ドルが売られる
・イギリスでブレグジットが決まったことで、英ポンドが売られる

これらは因果関係です。

因果関係とまぎらわしいものに「法則」があります。投資家の間で有名なもので言えば「ジブリの法則」でしょう。

「スタジオジブリの制作した作品がテレビで放映されると市場が荒れる」とする法則です。投資家の間では非常によく知られた「法則」のため、事前に放映スケジュールをチェックして、「この日は日経平均が急落するかもしれない」と言う人もいます。

たしかにジブリ映画が放映された夜には、相場が荒れることもあるようです。データをきちんと取ったわけではないですが、何かしら「相関関係」があるのかもしれません。

相関関係とは、Aという事象とBという事象の関係性です。「AがあるとBが起きる」ならば、相関関係を示す「相関係数」は正となり、その値が1に近づくほど相関関係は強まります。

今度は、因果関係について考えてみましょう。因果関係とは、「原因と結果」です。

ジブリの法則の相関係数が正の値だとしても、ジブリ映画の放映が原因となり、結果として金融市場が動くでしょうか。為替トレーダーがよほどジブリ好きならともかく、ラピュタやナウシカが放映されることと、日経平均や米ドル/円が売られることに因果関係を見出すことは難しいと思います。

しかし、こうは考えられます。ジブリ映画が放映されるのは、多くが金曜日の夜。しかも21時からです。週末の夜間は欧米勢が手仕舞いに動きやすい傾向があります。つまり、「ジブリ映画が放映されると相場が荒れることもある。しかし、ジブリ映画が放映されなくても金曜日の夜には相場が荒れやすい」ということです。

因果関係から考えるとジブリの法則は見せかけであり、**正しい因果関係は「金曜日の夜は市場が荒れることがある」と、考えることができます。**

トレードでは「因果関係」を考えないといけない

同じことはテクニカル分析にも当てはまります。

テクニカル分析に頼ったトレードで欠かせないのは「バックテスト」。過去の市場での検証です。

たとえば移動平均線のゴールデンクロスによるバックテスト（上昇を示唆するシグナ

ル）の結果がよかったとします。しかし、そこに因果関係は存在するでしょうか。「ゴールデンクロスが発生したから米ドル／円が上がる」ということに、合理的な理由は見出せません。いくらバックテストの結果がよくても、僕は従う気になれません。「ジブリ映画が放映されるから米ドル／円を売ろう」というのと同じ発想に思えるからです。

すでに説明したように為替市場は効率化が進んでおり、ランダムウォークしやすく、ノイズが増えています。ノイズの多い市場でバックテストを行なったところで、僕は有効性を見出せません。そこに因果関係がないと思うからです。

ただし——**そこにファンダメンタルズ分析を付け加えれば話は別です**。アベノミクス開始当初に、「アベノミクスによって米ドル／円が上昇するだろうから、エントリーのシグナルとしてゴールデンクロスを使おう」ということであれば、因果関係に基づいたトレンドフォロー戦略となります。

ＦＸにはさまざまな「手法」があります。その有効性を判断するためには「因果関係はあるのか」と考えることが、大きな判断材料となります。相関関係だけを考えていると、見せかけの因果関係に騙され、未来の市場ではまったく通用しない可能性が高まります。

なお、過去の相場での成績がよくなるよう、テクニカル分析のパラメータなどを調整することを「**カーブフィッティング**」と呼びます。

FXに限った話ではなく、ビジネスの世界でも環境やルールは日々変わっていきます。カーブフィッティングした手法、考え方では未来に役立たないことはすぐにご理解いただけると思います。

トレードするなら「説明変数」を探してみよう

説明変数とは、因果関係における独立変数です。そう説明しても、まだややこしいので、具体例で考えてみましょう。

「気温が上がるとアイスが売れる」という因果関係があります。これは体感的にも納得できると思います。暑いとアイスが食べたくなりますよね。

この時、「気温が上がる」が「説明変数」であり、「独立変数」です。結果を説明するための要因と考えれば、わかりやすいと思います。

先ほどの「金曜日の夜は市場が荒れやすい」で言えば、「金曜日の夜」が説明変数となります。「アイスが売れる」や「市場が荒れる」は「目的変数」や「従属変数」と呼ばれます。

さらに具体的にＦＸのファンダメンタルズ分析に当てはめていきましょう。「イギリスでノーディール・ブレグジットの可能性が高まる」というのは説明変数になりえます。目的変数となるのは英ポンドの値動きです。

- **株価下落でリスクオフでの円買い**
- **米金利低下によるドル安狙いでのドル売り**
- **原油価格の下落による資源国通貨安でのカナダドル売り**

ファンダメンタルズ分析と因果関係によって、様々な戦略が立てられます。
しかし、ファンダメンタルズ分析では重要そうに見えるのに、値動きに影響しないものもあります。

こういう場合は因果関係を形成するほどに重要なニュースなのかどうか、ローソク足や強弱チャートで判断します。**それからエントリーしても充分に間に合うからです。**本当に重要なニュースであれば、移動平均線をクロスしていったり、長い陽線、陰線となったりと明確なシグナルが発生します。

今度は「チャートの横軸」について考えてみましょう。チャートは縦軸が価格、横軸が時間を示します。**多くの人の意識は縦軸である価格ばかりに向かいがちです。**為替アナリストの予想を見ていても、「100円方向に向かう」と縦軸についての言及はあっても、「いつまでに」という横軸についての説明が欠けていることもしばしばです。

FXで「ポジションを持っていること」はリスクです。たとえ損切りの逆指値注文を入れていても、月曜日の窓開けやフラッシュ・クラッシュによって、一発で口座の資金をすべて失ってしまうリスクはゼロではないからです。

「ポジションを保有すること」そのもののリスクを小さくするには、**「いつまでに、いく**

らに下がるだろう」とチャートの横軸を意識する必要があります。

ここで「いつまでに」を考える材料となるのが、経済指標の発表や中央銀行の会合などのイベントです。ここまで読んだ上で「103円まで上がるだろう」と考えたなら、そこには何らかの説明変数となる根拠があるはずです。金融政策の変化であったり、選挙、経済指標、あるいは交渉期限などです。

それらには期限や実施日、日程的なターゲットも付いているでしょう。そうした日程を目安にし、「103円まで上がるだろう、10月末までに」といったように縦軸と同時に横軸でもターゲットを考えるクセをつけてください。

ポジションを取るとき、人はチャートを最初に見てしまいがちです。でも、それは後回しでいい。先に経済指標のイベントの予定が書かれたカレンダーを見て、市況の変化にいち早く気付く準備を整えてください。

株式市場で見る「たったひとつのポイント」

インターネットで世界中がつながっている時代です。金融市場も例外ではありません。為替市場でトレードする僕たちも、他市場の動向を気にしないわけにはいきません。かといって、世界に跨がる様々な金融市場のすべてをチェックするのは不可能です。

最低限、チェックしたいのは米国株市場です。時価総額を見ても、その存在感は圧倒的です。ニューヨーク証券取引所に上場する企業の時価総額は合計２４８２兆円。東証の４倍以上の規模があります。

米国株へ投資していない機関投資家はいないだろう、というほどの存在感があるので、米国株市場の動向は為替市場にも大きな影響を与えます。

その典型が「リスクオン・リスクオフ」です。米国株市場が上昇していれば積極的にリスクをとって投資していこうというマインドとなり、リスクオン。反対に米国株が下落していればリスクを抑えて慎重に投資しようというマインドになり、リスクオフとなります。

リスクオンならば円は売られやすく、リスクオフでは円やスイスフランが買われやすくなります。特にリスクオフ局面での円買いは顕著となりやすく、絶好のトレードチャンスです。

リスクオン、リスクオフのスイッチとなるのは米国株市場ですから、その動向には目を配るべきです。ニューヨーク証券取引所の立会時間は日本時間の23時30分から翌朝6時まで、サマータイム時は22時30分から翌朝5時です。

米ドル/円取引に、なぜ米10年債利回りは重要なのか

もうひとつ、チェックして欲しいのは米国債市場です。ニューヨーク市場の時間帯で主役となるのは米ドル。米ドルの値動きと深く関係するのが米国債市場だからです。

米ドル/円のローソク足に米10年債利回りの動きを重ねたのが次の図です。米10年債利回りに先導されるかのように米ドル/円が落ちているのが一目瞭然です。

ここでは10年債利回りを利用しましたが、2年債利回りが注目されることもあります。

特に'19年8月には2年債と10年債の利回りが逆転する「逆イールド」が発生して、市場の話題をさらいました。

米ドルは10年債利回りと同じ方向に動きやすい傾向があります。10年債利回りが上がっているのに米ドルを売るようなトレードは避けたいですし、10年債利回りが急落していれば売りを検討すべき。これはぜひ、覚えておいてください。

10年債利回りの情報はFX会社のニュースで随時配信されますし、ブルームバーグを見れば最新の数字がわかります。チャートまで見る必要はないですが、確認しておくべき指標のひとつです。

経済指標や金融政策発表への注目度が高まっている時は、事前のコンセンサスをリサーチすることでトレードに役立つこともあります。

金融政策を深く読み解くためには専門知識も必要ですが、ロイターやブルームバーグなどのニュース、SNSを見ていると焦点が見えてきます。

'16年12月、ECBの金融政策発表もそうでした。ここで発表された金融緩和の内容は、あるレポートでは次のようにまとめられていました。

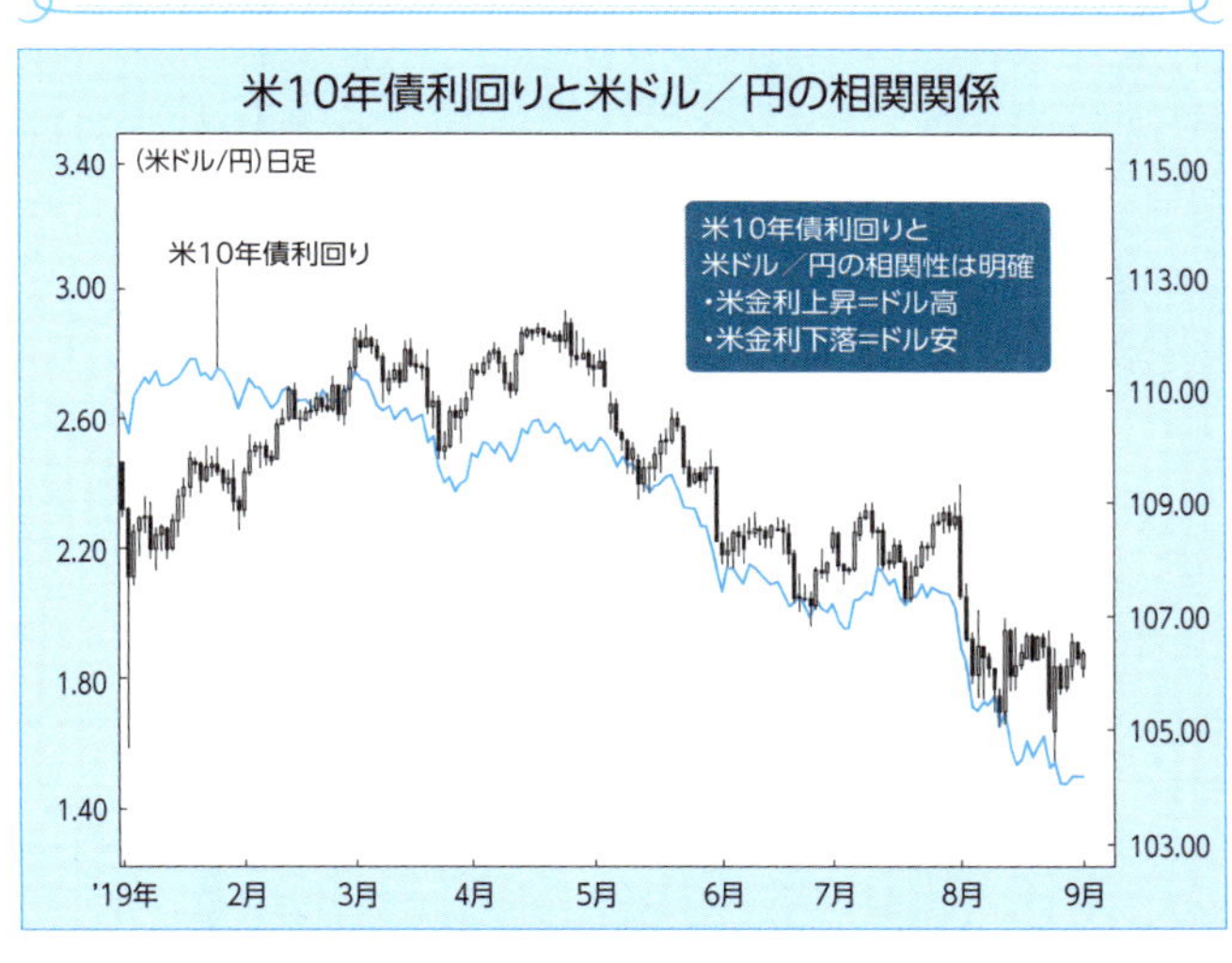

《資産購入の期限を'17年3月から'17年12月まで延長するとともに、'17年4月以降は月間の購入額を800億ユーロから600億ユーロに減額することを決定しました。また、1月から実施の技術的措置として、購入可能な公債の範囲を残存2年以上から残存1年以上に広げ、資産購入全般に関して、利回りが中央銀行預金金利（現在▲0・4％）を下回る債券の購入も可能としました。》（'16年12月9日の大和投資信託マーケットレターより）

これでもわかりやすく噛み砕いてくれているのですが、初心者にはなかなか意味が伝わらないと思います。こうした時、大切なのが事前のリサーチです。「次のイベントに対して、市場はどんな期待をしているのか？」――こう意識しながらリサーチすると、焦点が絞られてきます。

このECBへの事前の期待は「月額800億ユーロ+'17年9月まで6か月のQE（金融緩和）延長」でした。これが頭に入っていれば、実際に結果が出た時に期待と比べてどうだったのか、すぐに判断できます。

僕が結果を知ったのは、次のツイートでした。「zerohedge」という速報性に定評のあるツイッターアカウントです。

From April 2017 the net asset purchases are intended to continue at a monthly pace of €60 billion until the end of December 2017

英語に戸惑うかもしれませんが、事前にリサーチしていれば、金額と延長期限がポイントであることがわかっています。数字だけを追えばいいので、細かな意味まで把握する必要はありません。

発表されたのは金額が事前予想よりも少なく、しかし延長期間は事前予想よりも長い、

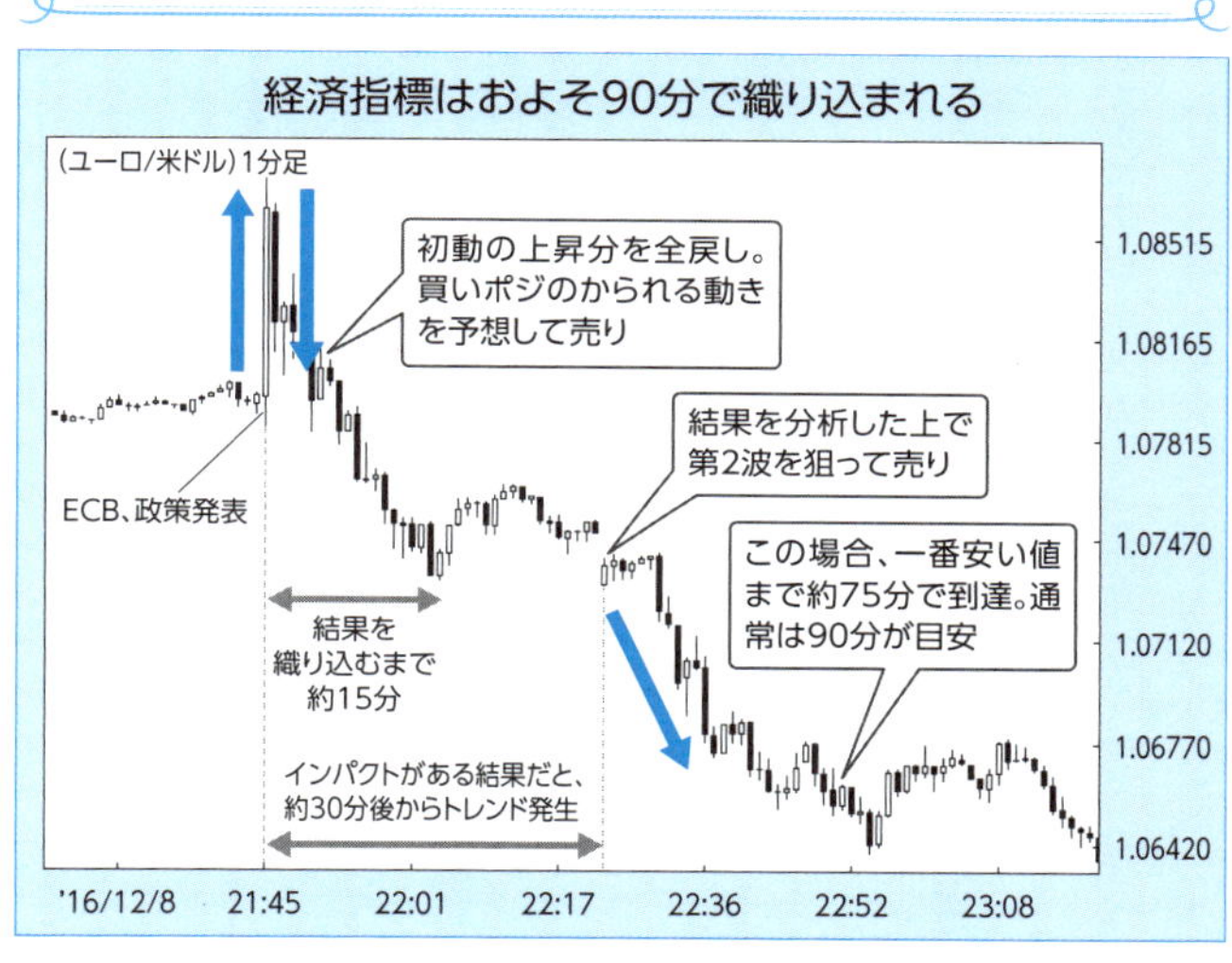

まだら模様の政策でした。金額を見れば予想より少ないためユーロ買い、延長期間を見れば予想より長いためユーロ売りです。

ここまでを把握したら、あとはチャートの値動きに判断を委ねます。

上図は発表前後の1分足チャートです。発表直後に上昇したものの、すぐに反落しています。金額が期待に満たなかったことでユーロが買われたものの、延長期間が着目されて売られたことがわかります。

経済指標や金融政策の発表直後には、こうした上下に大きく振れる動きとなることも頻繁です。**発表直後の動きが否定されて全戻しした時には、発表直後の動きに乗ったトレー**

ダーのポジションが狩られるまで動く傾向があります。雇用統計やFOMCでも見られるパターンです。今回のECBに即して言えば、最初の上昇に乗って高値づかみした買い手のポジションを根こそぎ狩るまで下げやすい、ということです。

短期トレードであっても、ポジションの偏りを読むことは大切です。この傾向がわかっていれば、**初動の上昇が全戻しで否定されたところから売りで入ることもできます**。あるいは、落ち着いて第2波を狙ってもいいでしょう。

経済指標や金融政策の結果は、おおよそ15分で織り込まれ始めます。結果のインパクトが大きい場合には、30分後くらいからトレンドが発生します。図でも発表直後の足から6本目、約30分後から下げ始めています。結果に充分なインパクトがあると判断できた時には、**30分後を目安に始まる第2波を狙ってエントリーしてもいいでしょう**。

ただし、初心者だとインパクトを推し量るのは難しいと思います。そんな時は慌てず、第2波の発生を確認してから戻りを待って売っていきましょう。いずれの場合も損切りを置く位置は、初動の高値が目安となります。

また、取引するのがユーロ/米ドルであっても、ユーロ/円やユーロ/豪ドルなど、ユーロクロスの通貨ペアを見ていると反転のタイミングがより正確にわかります。「3つの通貨ペアが同時に下向きへと変わったら、それだけユーロ売りの圧力が強い」という判断になります。

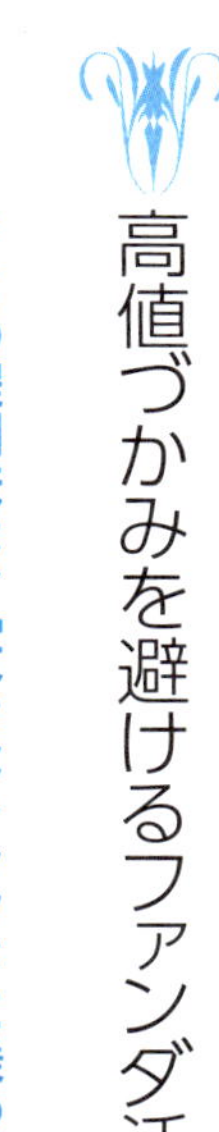

高値づかみを避けるファンダ活用法

FXの醍醐味は、「大きなトレンドに乗って、大きく稼ぐこと」です。これこそが、投機であるFXの醍醐味であり、もっとも面白い瞬間です。

しかし、ここまで繰り返してきたように為替市場でトレンドが生じる期間は少なく、ほとんどの時間はランダムウォークです。にもかかわらず、トレンド発生と錯覚してエントリーすると天井で買ってしまったり、ド底で売ったりすることになります。

天井づかみ、底値売りを避けるためにファンダメンタルズが役立ったトレード例があります。

きっかけは、ドイツで発表された経済指標でした。'19年3月に発表されたドイツのPM

Ｉ（製造業購買担当者景気指数）速報値は予想48ポイントに対して44・7ポイントと大幅に悪化しました。ＰＭＩは準メジャークラスの経済指標ですが、欧州経済の牽引役だったドイツでここまで悪化すると相場を動かす材料となります。

ドイツＰＭＩの悪化は、もちろんユーロ売りの材料です。ユーロ／米ドルは１００ｐｉｐｓの急落。ユーロ／円も1円以上の急落となりました。

この時点で僕はノーポジションでした。ドイツＰＭＩでここまで動くことは予想できませんでしたし、値動きに飛びついて底値売りをしたくもありません。

僕が気にしたのはトルコリラ／円でした。

トルコリラは高金利なこともあり日本人に大人気です。でも僕は新興国通貨をトレードすることはありません。スプレッドが広く、情報も少ないからです。しかし、トルコリラのような新興国通貨は市場の雰囲気を探るレーダーのひとつとなります。

このとき同時にトルコリラ／円では買いポジションが積み上がっていました。２か月ほど前にフラッシュ・クラッシュで買いポジションはある程度、整理されたはずですが、ま

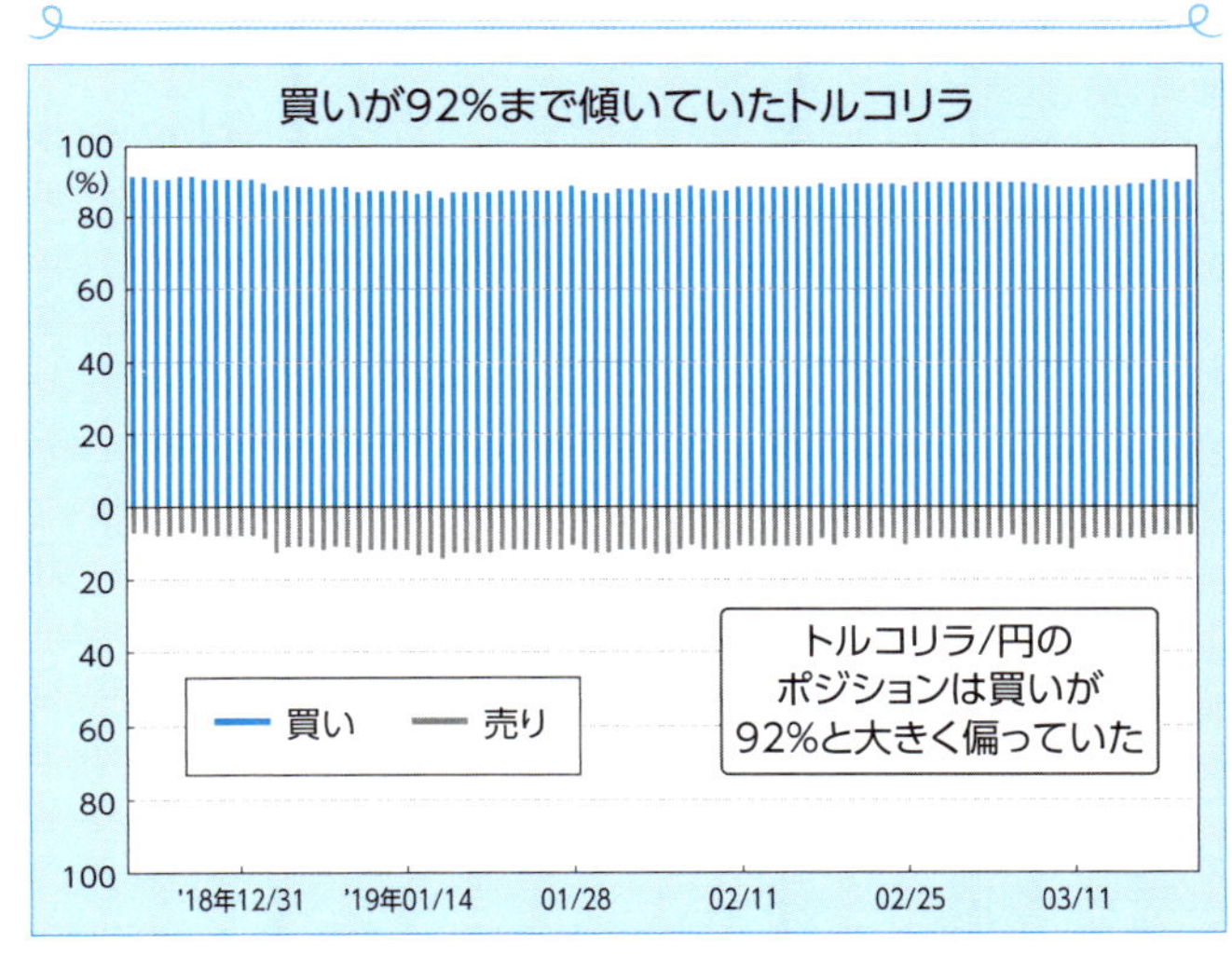

た積み上がっていたのです。

ドイツＰＭＩの悪化によるユーロ／円の急落は、対ユーロ以外のクロス円全般で円高をもたらすことが予想できました。ロングの積み上がったトルコリラ／円が急落すれば、ストップの連鎖による暴落が期待できます。

ただ、トルコリラ／円はトレード対象ではないですから、僕は米ドル／円のショートを選択しました。エントリーしたのは東京時間の安値を割ったタイミングです。

ドイツＰＭＩの悪化＝ユーロ／円の下落↓買いポジの積み上がったトルコリラ／円の下落↓米ドル／円の下落

という連鎖を狙った取引です。

対ドルで円買いしたことには理由があります。 2日前に開かれたFOMCでは、利上げサイクルの打ち止めが示唆されたのです。利上げはドル高の材料ですから、利上げ打ち止めはドル安の材料となります。米10年債利回りを確認しても低下傾向はあきらかでした。

ドイツPMIが悪化しユーロが弱くなっても、利上げを終えた米ドルも弱いため、ユーロ/米ドルは弱・弱の通貨ペアなのでトレンドが出にくくなります。

一方で、**円は前述のルートのようにトルコリラを介して大きく買われる可能性があったため、米ドル/円は弱・強の通貨ペアとなります。**

円がらみの通貨ペアは米ドル/円が先頭を切って動くと考えがちです。たしかに米ドル/円は流動性も大きいのですが、特に市場がリスクオフ方向へと雪崩をうって崩れるとき、**新興国通貨/円→豪ドル/円→その他のクロス円→米ドル/円という順番で崩れることが多いのです。** この日もトルコリラ/円が予想通りに崩れ、クロス円に波及し、最後に米ド

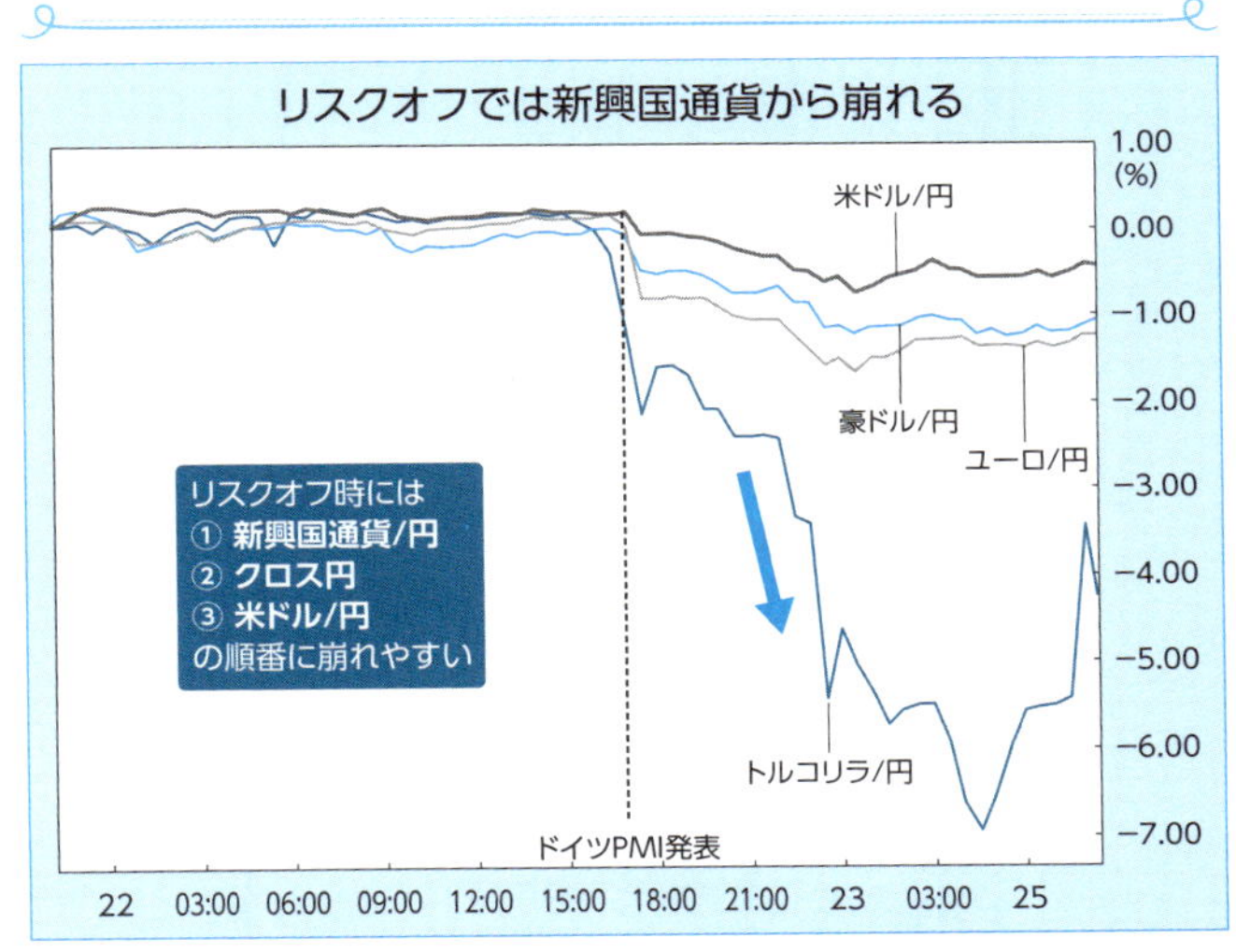

ル／円が110円を割っていきました。

底をつけるときも同じ順番です。トルコリラ／円でストップが出尽くして底打ち反転し、次いでクロス円、最後に米ドル／円という順番になります。**よって「米ドル／円のショートをいつ決済するか」と考える時には、トルコリラ／円の底打ちがシグナルになるわけです。**

この時も週明け月曜日の東京市場で米ドル／円はまだ下落していたものの、トルコリラをはじめとするクロス円全般が反転していました。すると、米ドル／円も反転し、リスクオフの円高が終了しました。

Chapter 5

VIX指数から「相場の加速度」を測る

相場の加速度を測る恐怖指数「VIX」とは⁉

為替レートの動きが加速するのか、それとも停滞するのか。その判断を皆さんは、何を基準に行なっていますか？　チャート、ファンダメンタルズ、需給など、様々な答えが想像できますが、僕が利用するのはＶＩＸ指数です。

ＶＩＸ指数は米国株市場の代表的な指数のひとつであるＳ＆Ｐ５００の先物市場を基にして計算される指数でした。

・VIXが20を超えていればリスクオフ
・VIXが20以下ならばリスクオン

といったように、20を分水嶺にして使われるのが一般的です。

しかし、ＶＩＸ指数をそれだけに使うのは、非常にもったいないと言えます。ＶＩＸ指数は「為替レートの加速度」の代理変数でもあるからです。

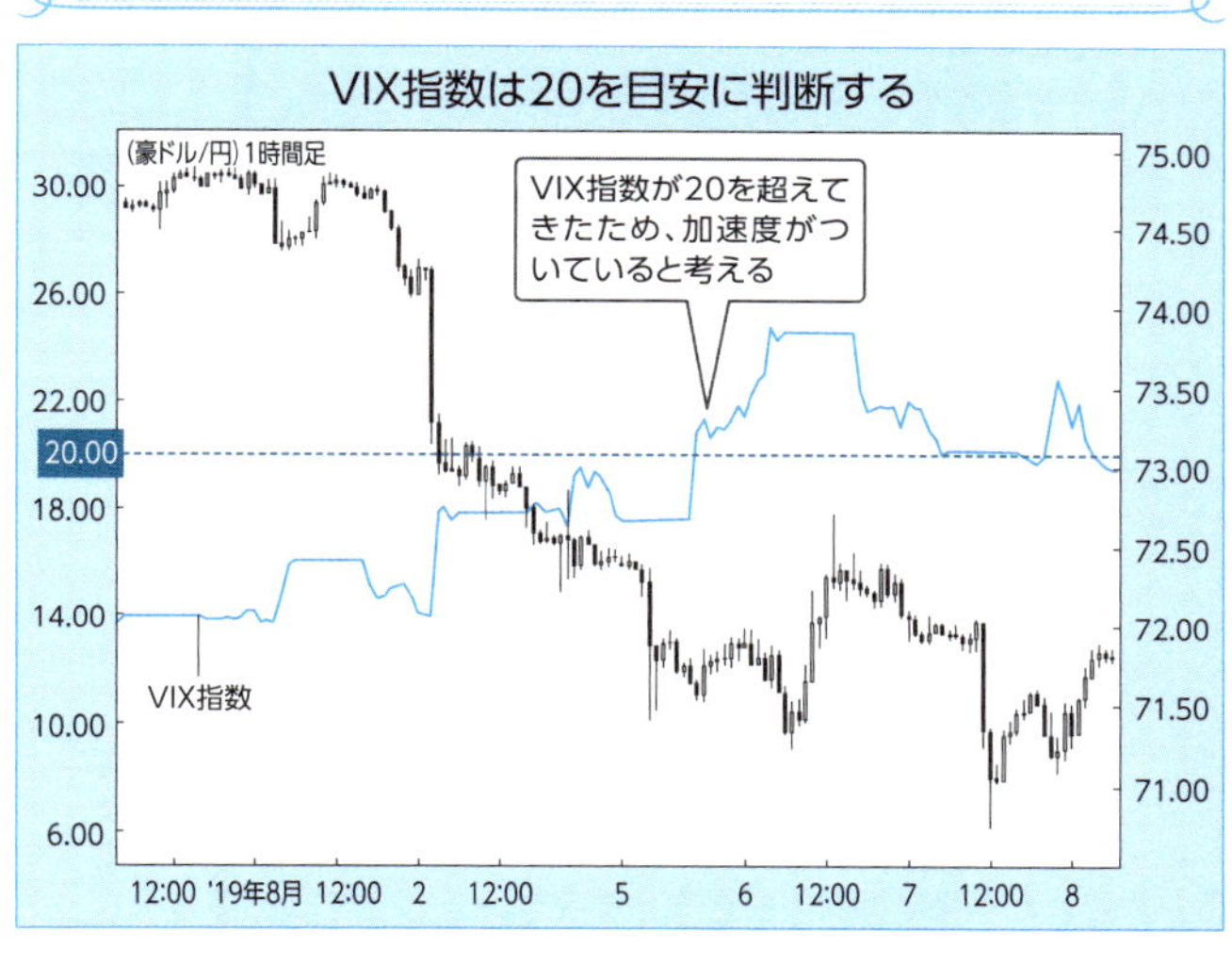

上の図は豪ドル／円のチャートにＶＩＸ指数を重ねたものです。リスクオフ時に豪ドルは売られやすく、円は買われやすい通貨です。この時もＶＩＸ指数の高まりとともに豪ドル／円が急落し、ＶＩＸが20を超えてきたことでもう一段の下落を見せました。

それではＶＩＸ指数の20超えは、どのくらいの割合で発生するのでしょうか。過去10年のデータで見ると15・２％です。

また、ＶＩＸ指数先物が「**バックワーデーション**」となった日も13・５％と、ほぼ同じ数字になっています。バックワーデーションは、少し難しい話になりますが、先物市場で使われる言葉です。

先物市場には期限が設定されています。**Ｖ**

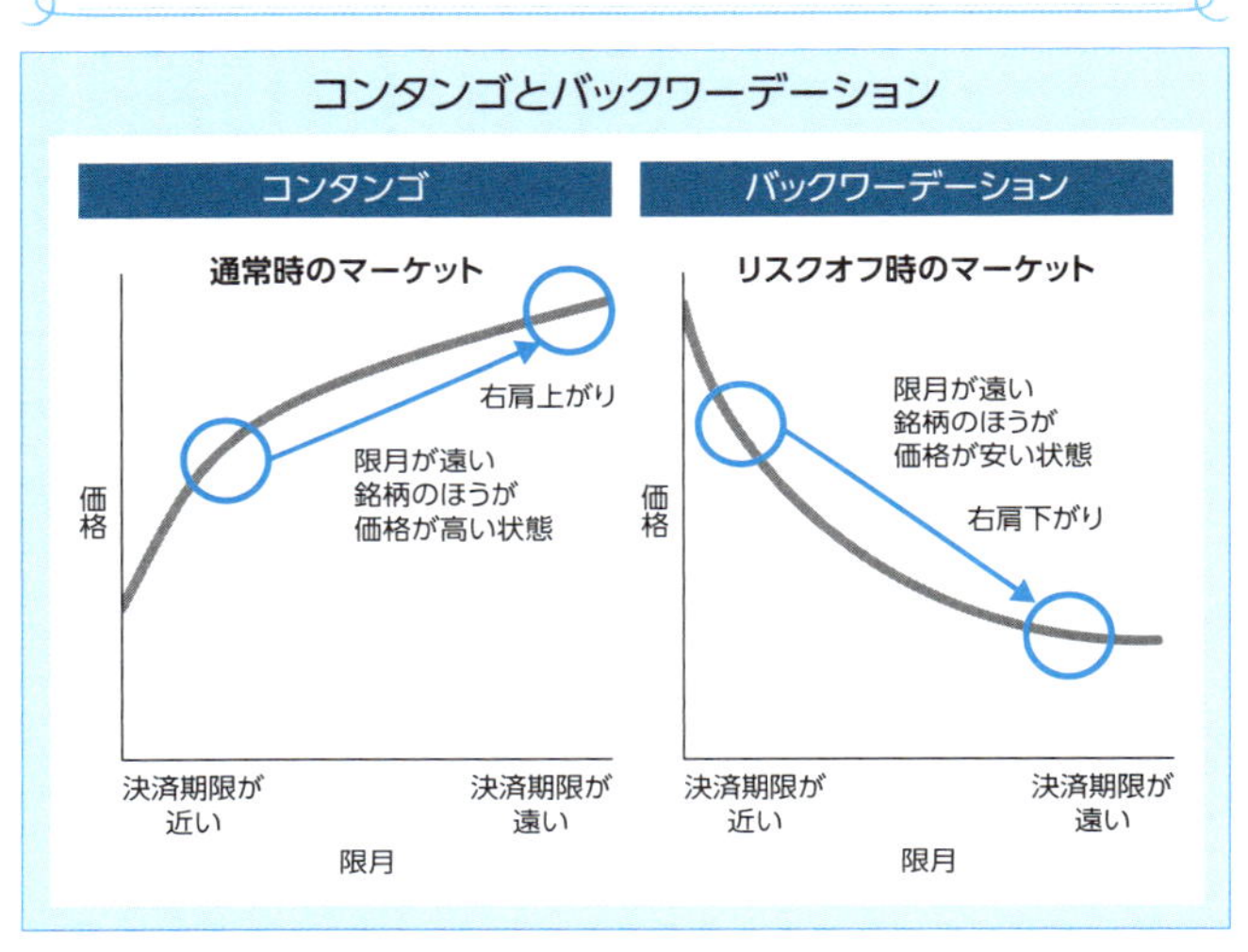

IX指数先物なら、通常は「期限の近い銘柄」よりも、「期限が遠い銘柄」のほうが価格は高くなっています。この状態が**「コンタンゴ」**（期近価格＜期先価格）です。

ところが、時に期限の遠い銘柄のほうが安くなることがあります。それが「バックワーデーション」（期近価格＞期先価格）です。

少し難しい話が出てきたので、もう少し簡単な例で説明しましょう。定期預金の金利を想像してみてください。

基本的に金融の世界では、将来の不確実性を嫌うため、**時間が長いほうが価格が高くなったり金利が高くなったりします**。そのため、1か月の定期預金と10年の定期預金を比べた時に、金利が同じでは誰も10年間も定期預金したくありませんよね。

そのため、基本的に金融商品はX軸を時間とした場合に、価格や金利は右肩上がりの曲線を示します。これが通常状態の金融マーケットです。これを確認できるのが、「ＶＩＸ Ｃｅｎｔｒａｌ」（http://vixcentral.com/）です。


さて、ここでＶＩＸ指数に話を戻します。ＶＩＸ先物にも期限があって、通常期近のものは期先よりも価格が安くなります。これは定期預金の金利と考え方は一緒ですね。

そして、通常時に儲かるのはオプションの売り手です。これはどういうことかというと、オプションを売るということは、ボラティリティが低下するほうに賭けるということです。

難しくなってきたので、地震保険にたとえてみましょう。


保険というのは、基本的に買い手が損して売り手が得をします。保険会社の構造を考えればあきらかですよね。保険会社は皆さんから保険料という形でお金を預かって、病気になった人に支払いを行ないます。当たり前ですが、保険会社も営利事業なので、皆さんが支払った以上の保険金は出せません。

マーケットというものは、通常時はボラティリティが少ない。地震保険で言えば、地震が起きていない状態だと思ってください。大きな値動きというのは、皆が意図していない時に発生し、大損害を与えるような状態です。

つまり、VIX先物の状態が通常時の右肩上がり（コンタンゴ）かそうでないか（バックワーデーション）かで、マーケットの傷み具合を判断することができます。

VIX先物の数値が通常時でない時は、一種のパニック状態で非合理な価格でもポジションを処分したい参加者が多く、値動きが加速しやすいと考えられます。こういった時はリスクオフが強く、避難通貨である日本円が買われやすくなります。また、株式市場に釣られて、為替市場も値動きが大きくなる必要があります。

通常時は、保険の売り手が儲かるのと一緒で、トレンドは出にくいもの、だと思ってください。逆にVIX先物を見ることによって、**ボラティリティの低下に賭けたオプションの売り手（＝保険の売り手）がどれくらい傷んでいるのか、という指標として使うことができます**。こういった時は、ボラティリティが大きくなりがちなので、うまくトレードすれば大きく資産を増やすことができます。

それでは、どんな時にバックワーデーションになるのでしょうか。ちょっと想像すればわかると思います。**戦争や不況などのリスクが高まった時です。**

たとえば中東で石油施設が炎上するとリスク懸念が高まり、期近の銘柄の価格が跳ね上がり、バックワーデーションとなります。そう考えるとVIX指数が20を超える割合と、VIX指数先物がバックワーデーションとなる割合が、ともに15％前後で一致するのは当然と言えるでしょう。

ただ、VIX指数先物は「米国株式市場の値動きの大きさ」を示す指数です。そのため、FXでトレードする際には、**通貨別にVIX指数を見る必要があります**。

メジャー通貨である「EUR／USD（ユーロ／米ドル）」「USD／JPY（米ドル／円）」「GBP／USD（英ポンド／米ドル）」は、それぞれEUVIX、JPYVIX、GBPVIXというVIX指数を見ることができます。これらの数値が低い時は、どうしても各通貨のトレンドが出にくい状態です。

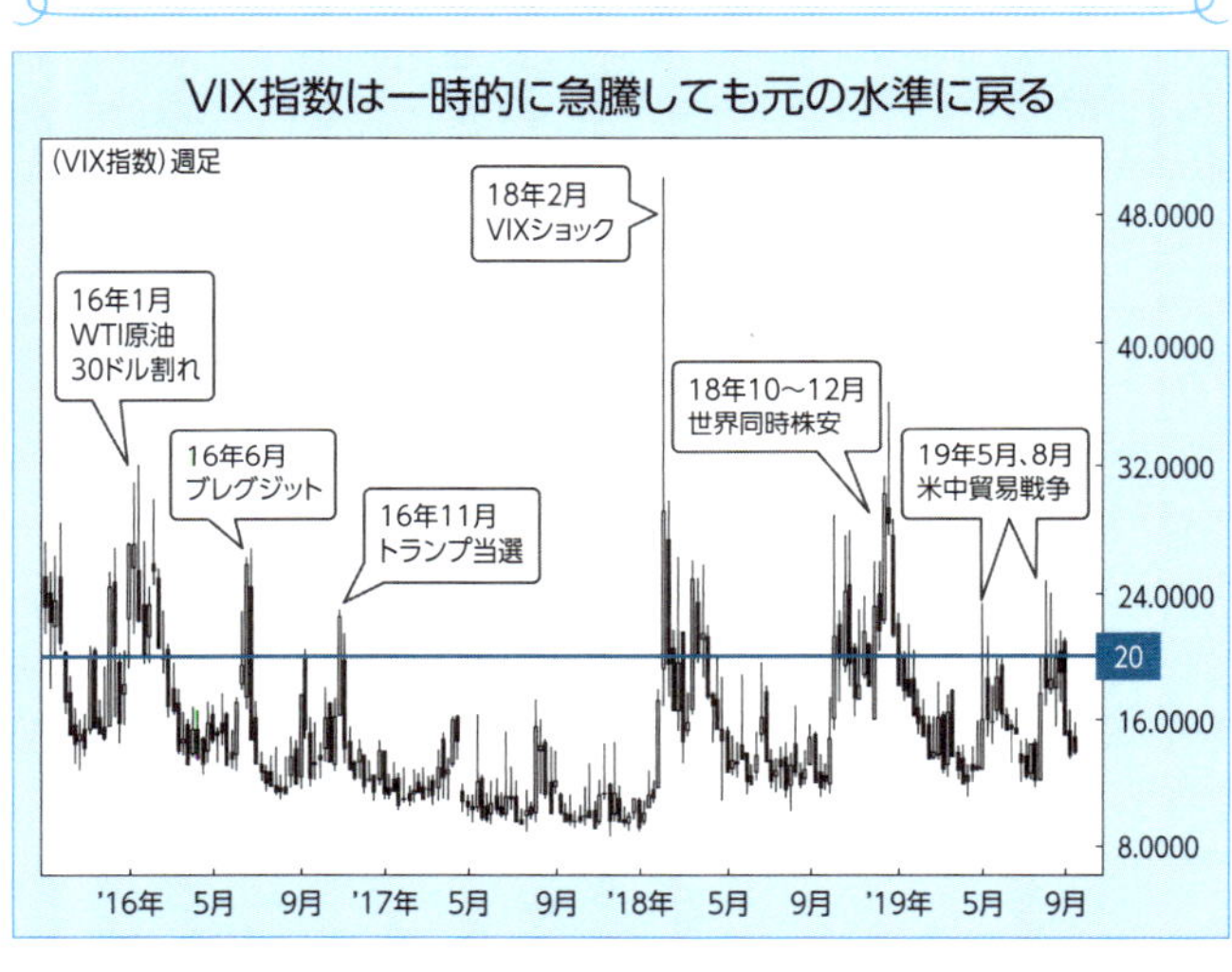

各通貨別にＶＩＸ指数が高まっている時は為替レートの変動に加速度が付いていますから、資金管理を入念に行なう必要があります。うまくトレンドに乗れた時には保有時間を普段よりも長くして、利益を伸ばすこともできます。また、日足で見た時に新安値・新高値を売ったり買ったりしていく、ブレイクアウトもうまく機能する確率を高めることが可能です。

上の図は'16年からのＶＩＸ指数の週足です。「**急騰しては、元の低位に戻る。また急騰しても同じ水準に戻っていく**」という動きを繰り返していることがわかります。

米国株の価格にも注意を払う

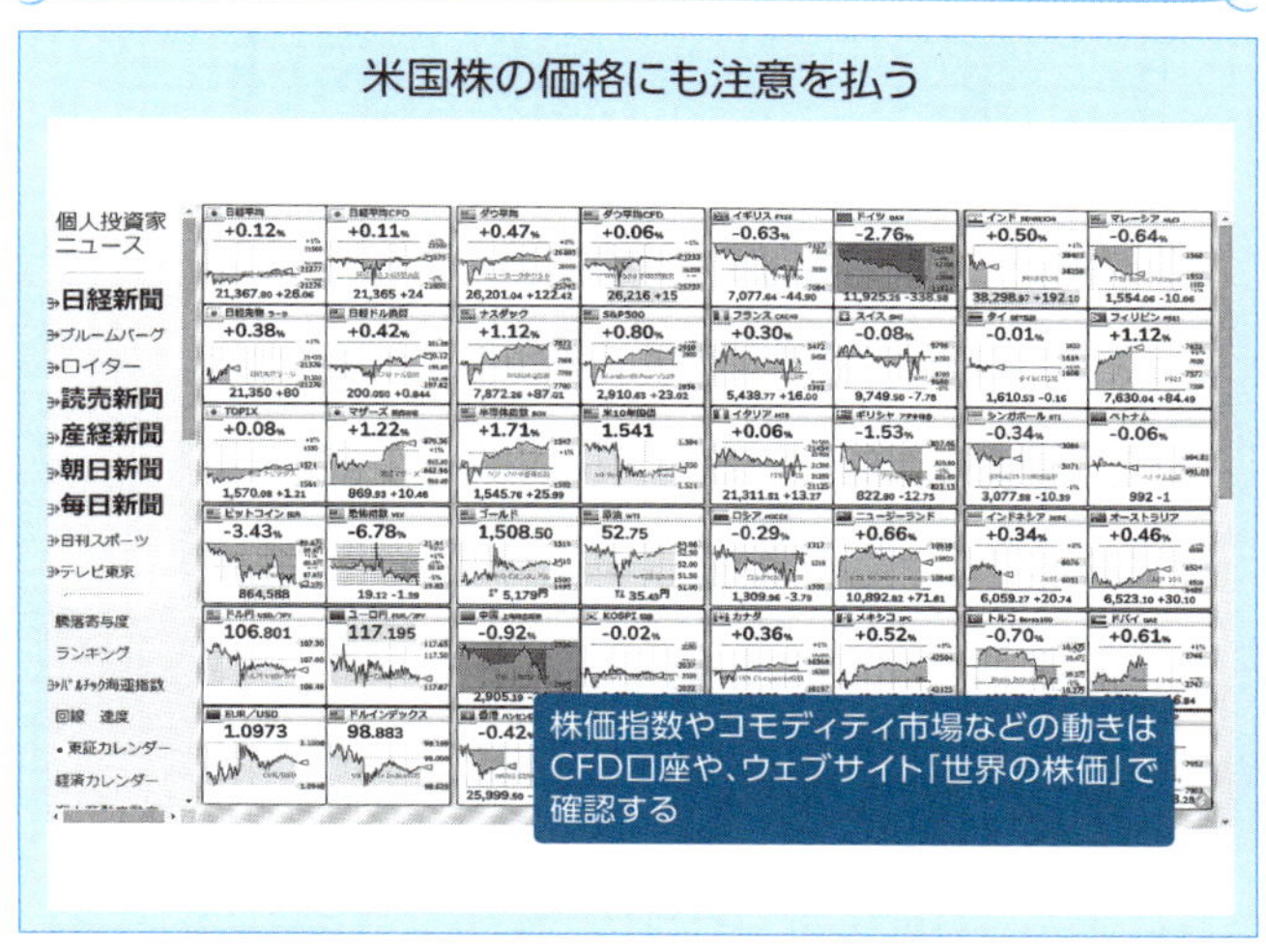

株価指数やコモディティ市場などの動きはCFD口座や、ウェブサイト「世界の株価」で確認する

VIX指数が20を超えて急騰するのは年に2、3回程度しかありません。こうしたケースでは想像以上に価格が変動するため、リスクオフ狙いのトレードにおいてはトレンドフォローのチャンスとなります。

裏を返せば、VIX指数が低位で安定していると、為替市場も安定しているためトレンドフォローの難しい相場となります。

また、VIX指数は米国株の指数を基にして算出されるため、VIXを見る時には同時に米国株を見ることが求められます。

VIX指数だけで判断せず、源流である米株市場が上昇しているのか。高値や安値に対して今、どんな水準にあるのか。確認しましょう。ＩＧ証券のＣＦＤ（差金決済取引）口座があればスマホからでも手軽に値動きが確認できますし、僕は「世界の株価」というサイトで各国の株式市場の動向をチェックするようにしています。

豪ドル／円は米国株との相関性が高い

為替市場の加速度指数であるＶＩＸ指数ですが、ＶＩＸ指数の動きを為替市場から逆算できるケースもあります。**鍵となるのはクロス円の通貨ペア、特に豪ドル／円です。**

リスクオフ時には円と米ドルの両方が買われることがあります。円高、ドル高が同時に進むと、豪ドル／円はどうなるでしょうか。

まず、ドル高の影響だけを考えると豪ドル／米ドルは下落します。豪ドル安・米ドル高の進行です。次いで、円高の影響だけを考えると豪ドル／円は下がります。豪ドル安・円高です。

このふたつが同時に起これば、豪ドル／円は円高だけ、米ドル高だけの場合の２倍の力

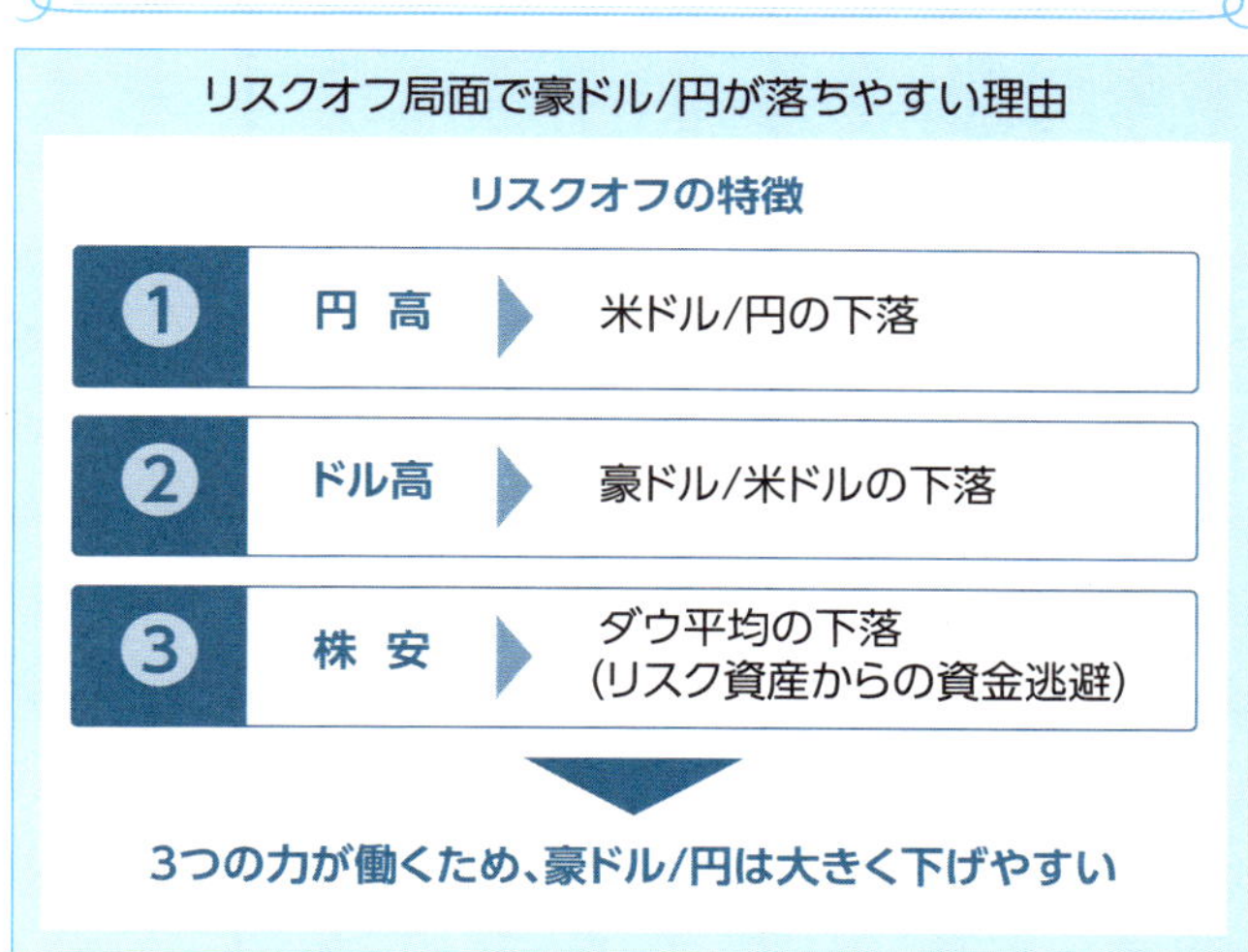
リスクオフ局面で豪ドル/円が落ちやすい理由

リスクオフの特徴

①	円 高	▶	米ドル/円の下落
②	ドル高	▶	豪ドル/米ドルの下落
③	株 安	▶	ダウ平均の下落 (リスク資産からの資金逃避)

3つの力が働くため、豪ドル/円は大きく下げやすい

で下向きの力が加わります。つまり、それだけ強く落ちるのです。

これは豪ドルに限らず、ユーロ/円や英ポンド/円、NZドル/円、カナダドル/円などでも同じです。

ただ、**特に豪ドル/円に顕著となるのは、リスクオフ時には円高・ドル高に加えて、「第3の力」も働くためです**。それは、米国株の下落です。

豪ドルと米国株には相関性があります。米国株が下がれば豪ドルも下がりやすく、米国株が上がれば豪ドルも上がりやすい、という関係です。

リスクオフ時には現金化のため、株が売ら

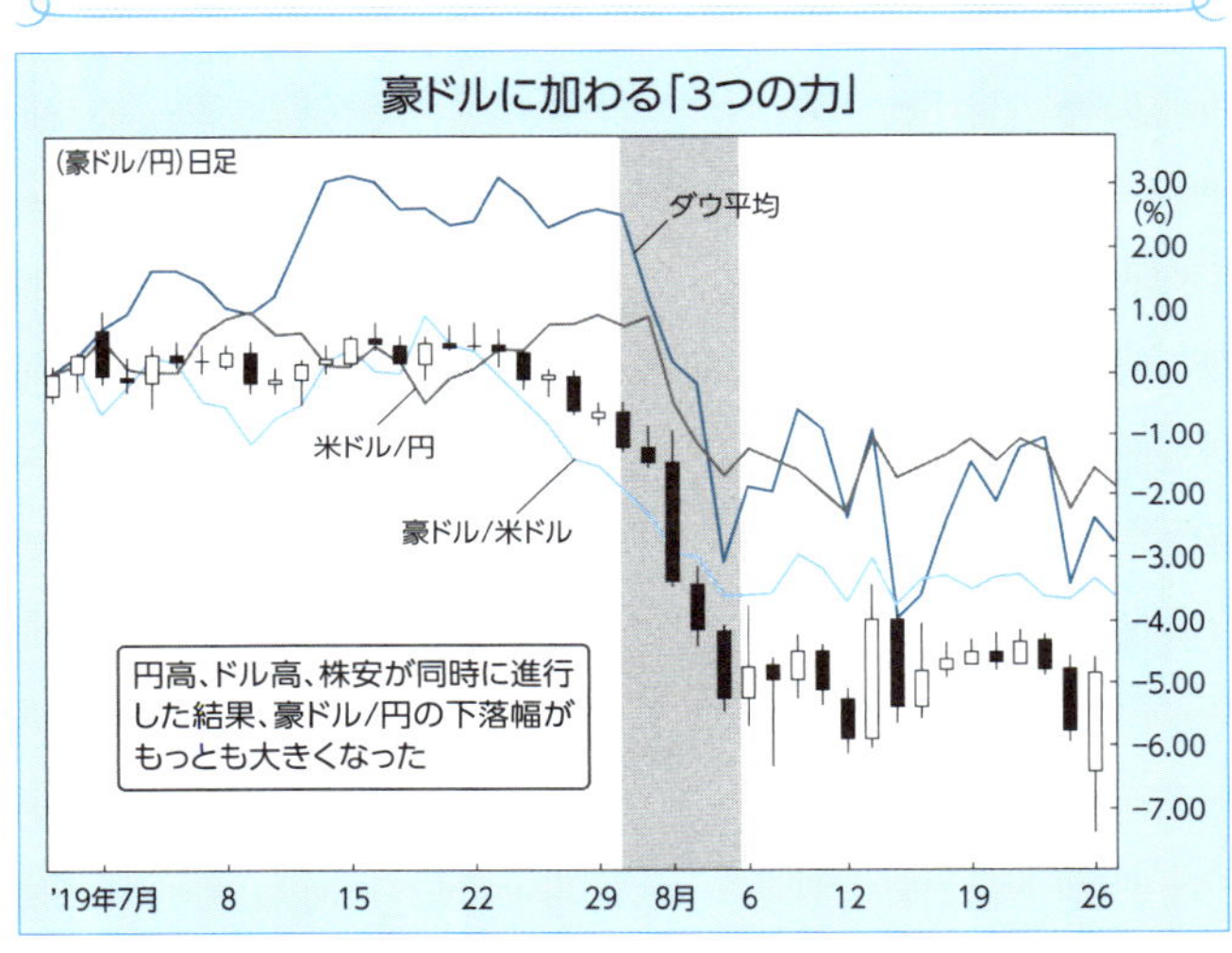

れます。株が下がれば、それにつられて豪ドルも下落しやすいのです。

ドル高・円高・株安が同時に進むと、豪ドル／円には下向きの力が３つも加わることになるため、大きな下落となりやすい傾向があります。

この現象は、本当にそうなのか。米ドル／円やその他のクロス円と比較してみましょう。左ページの図は全世界の株価が急落した'18年末のリスクオフ相場で、４つの通貨ペアがどう動いたのかをＶＩＸ指数とともに示したものです。ドル／円やクロス円全般が下落していますが、もっとも大きく落ちているのは豪ドル／円です。

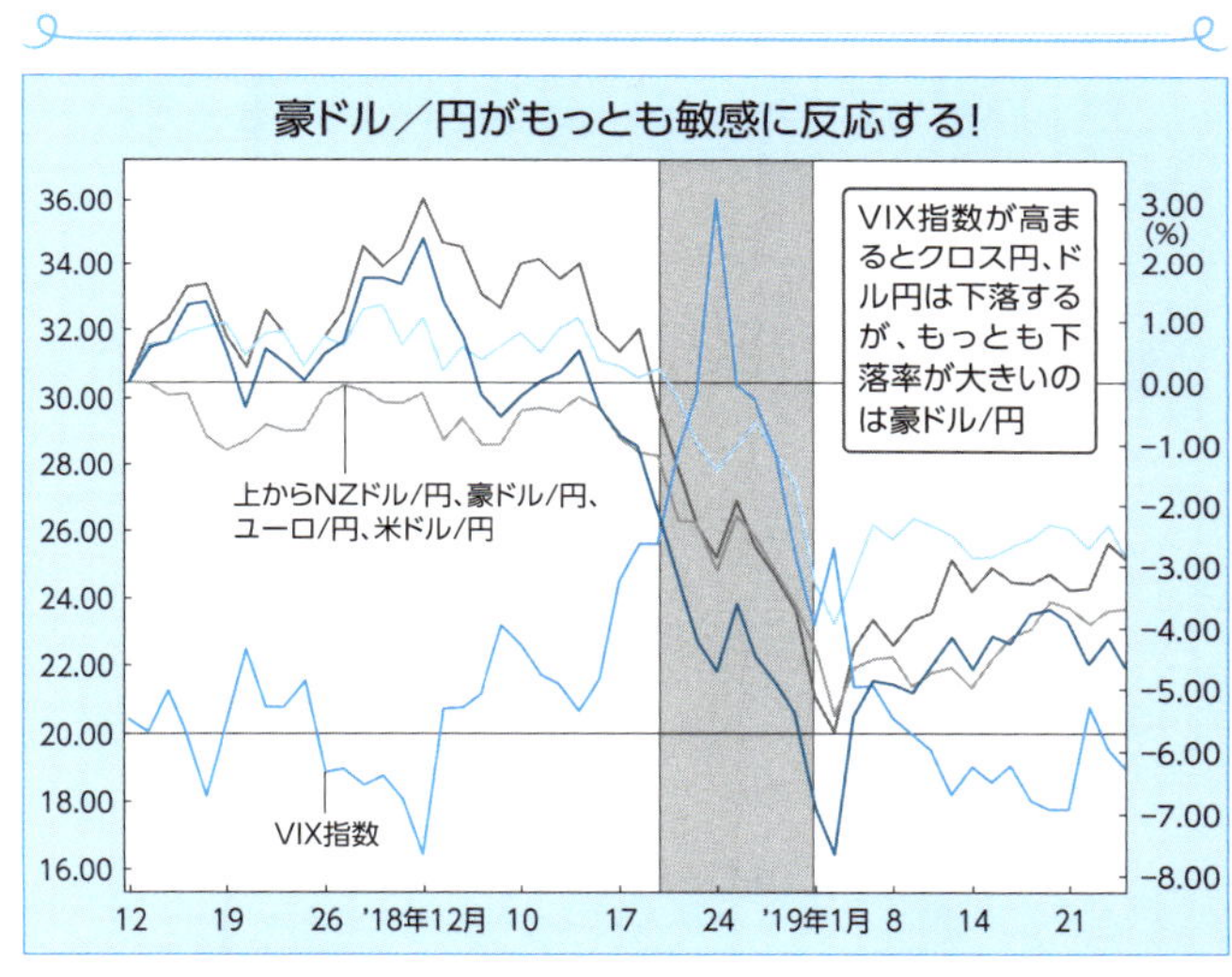

豪ドルと米国株の相関性からは、「豪ドル／円が崩れれば、米国株が崩れる予兆」と考えることもできます。米国株が崩れればVIX指数は高まりますから、**豪ドル／円からVIX指数を占うことができる**、ということになります。

本当にそんなことが可能なのでしょうか。

次ページの図は'19年4月後半の豪ドル／円です。GW前にMACDがデッドクロスし、ヒストグラムはプラス圏からマイナス圏へと陰転しています。

その3日後にはローソク足がボリンジャーバンドのマイナス2σにぶつかり、さらに±2σの上下幅が拡大傾向に転じました。±2

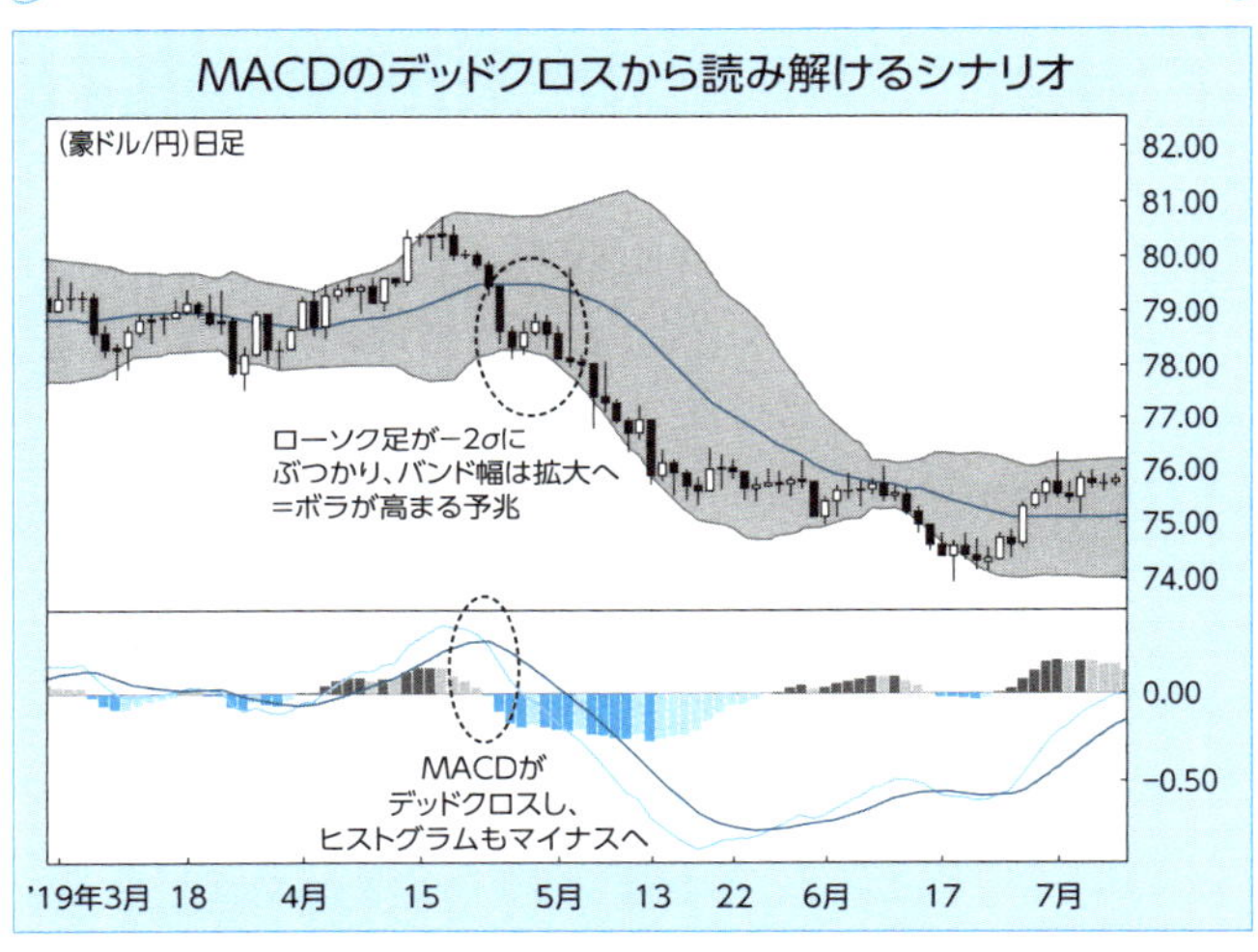

σの上下幅拡大はボラが高まる予兆です。

こうした材料をつなげると次のような連想ができます。

豪ドル／円のボラが高まりそう↓ＭＡＣＤは陰転しているから急落するかもしれない↓豪ドル／円が急落すれば米国株も急落する可能性がある↓リスクオフ相場が来るかもしれない。

実際、５月頭から日米の株価が崩れ始め、ＶＩＸ指数が高まりました。米国株の急落、ＶＩＸの高まりを、豪ドル／円が先行して教えてくれていたことになります。

「VIX先物が過去最大規模」の解釈

為替の加速度指数としての役割を果たすＶＩＸ指数ですが、それ自体も金融商品として先物市場で取引されています。

ＩＭＭの為替先物と同じくＶＩＸ先物もポジション状況が開示されているのですが、過去最大級にショートが溜まったのが'19年5月でした。先ほどの豪ドル／円がＶＩＸの高まりを示唆したのと同じ時期です。

ＶＩＸ指数をトレードにどう活用すればいいでしょうか。具体例を紹介する意味で、僕のトレード、思考の流れを振り返ってみます。

まず、前述のように豪ドル／円のチャートからＶＩＸ指数が高まり、リスクオフ的な相場が来るのでは？　という仮説がありました。

この仮説はＶＩＸ先物からも補強できます。ＶＩＸ先物のショートが過去最大級に溜ま

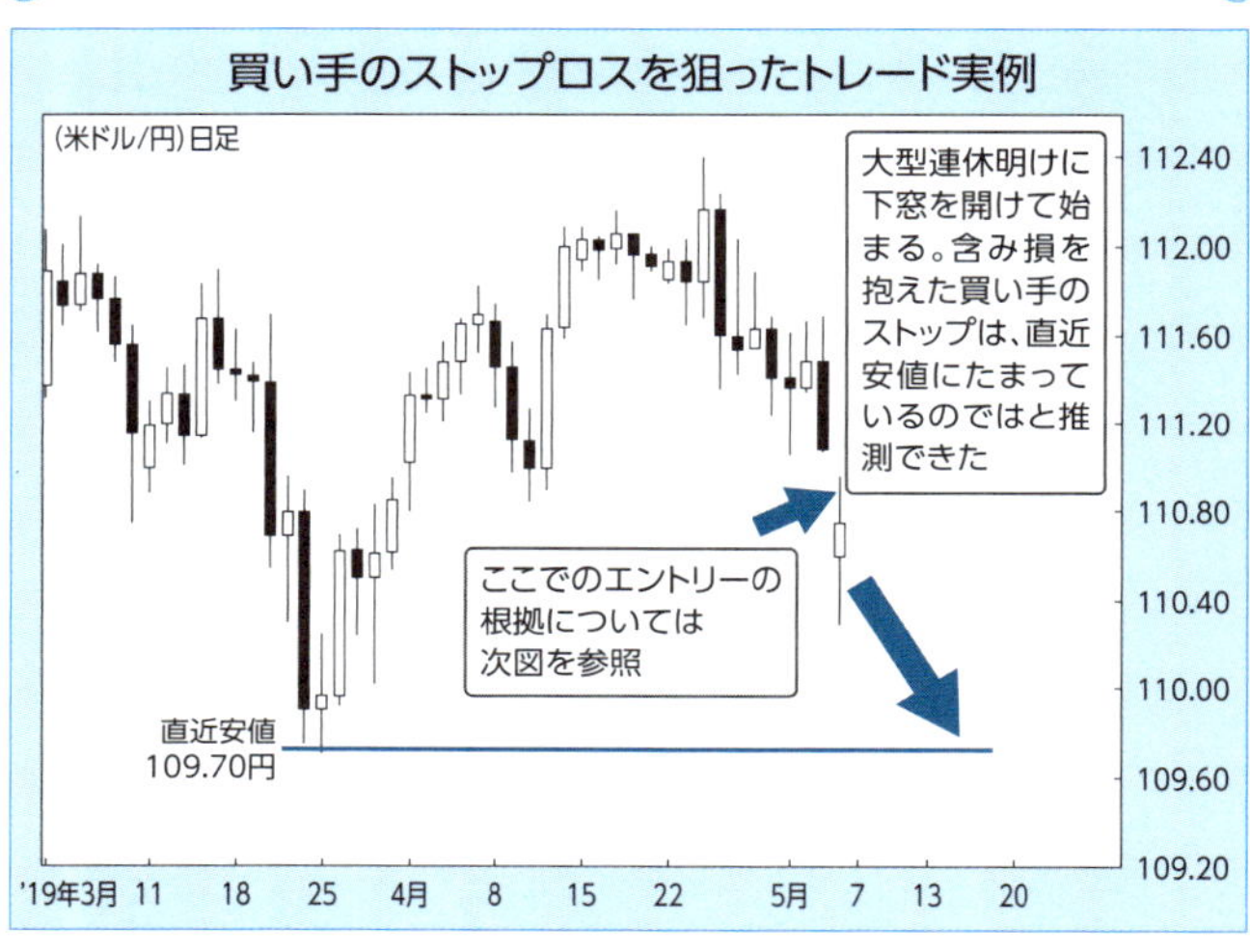

っているなら、あとはショートの解消、つまり買い戻しが待っているだけです。買い戻しが始まれば、VIX指数が上昇するからです。

しかも、日本では未曾有の10連休を迎えていました。東京市場が10日間も動かず、流動性は低下します。市場が荒れやすくなるだろうとも、想定できました。

仮説に従って米ドル/円の売りポジションを構築したのはゴールデンウィークが後半戦に入った5月初旬でした。

ここでファンダメンタルズ面の材料も出てきます。米中貿易戦争の加熱です。

ゴールデンウィークの最終日、日本は月曜日でしたが30銭ほど下窓を開けて始まりまし

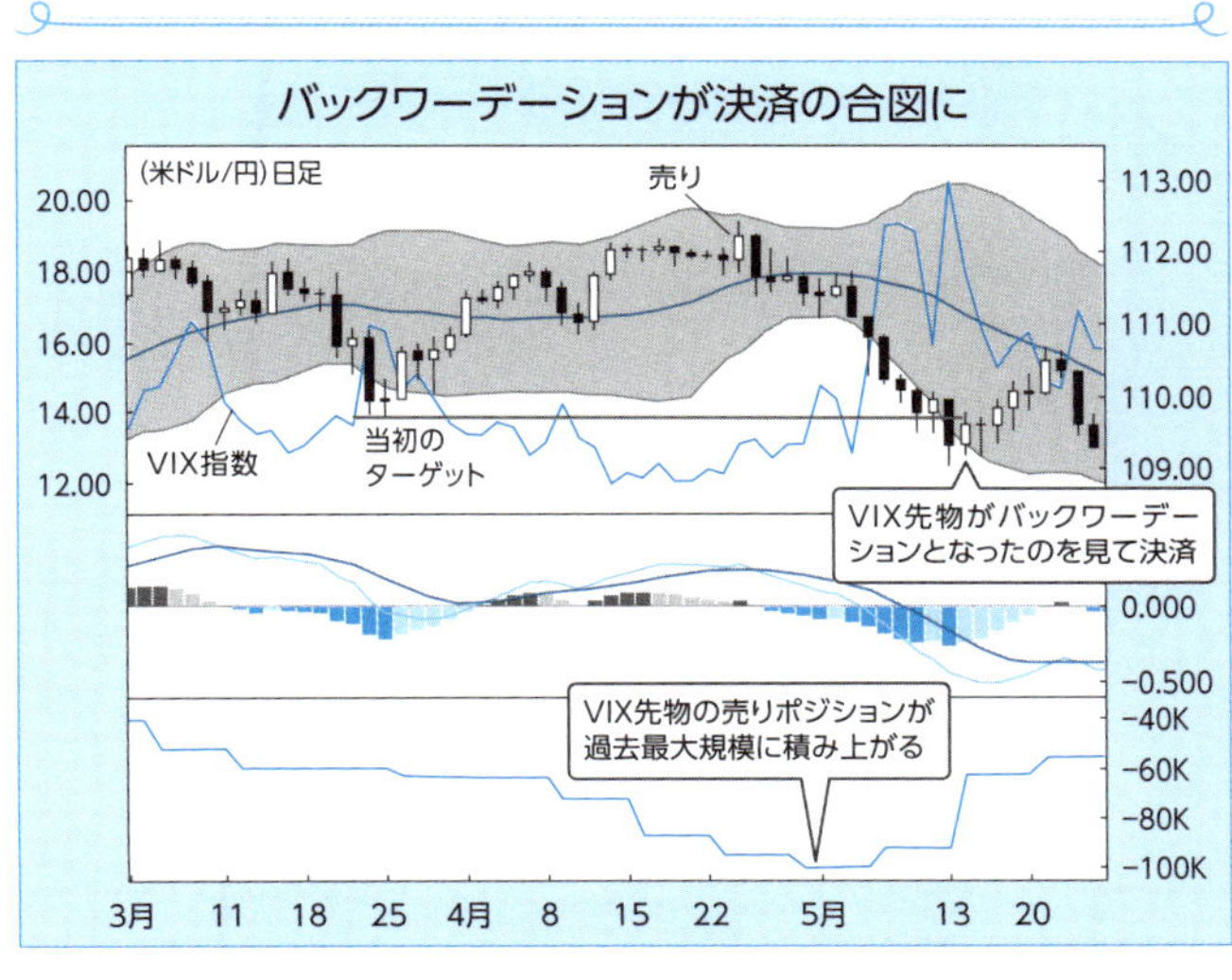

た。日足を見ると、直近安値は1円ほど下の109円70銭。1か月半前につけた安値で、ここに買い手のストップが溜まっているだろうことは容易に想像できます。

弱っている相手を、さらに追い詰めるのが為替市場のセオリーです。この日、VIX指数も20日前まで急騰していたことから、あと1円は下がるだろうと想定できました。

109円70銭のターゲットに達したのはゴールデンウィークが開けて3日後のことです。日米中の株価が急落していたこともあり、さらにポジションを持ち越して、すべてを決済したのは5月14日。ちょうど2週間のトレードとなりました。米ドル/円は109円30

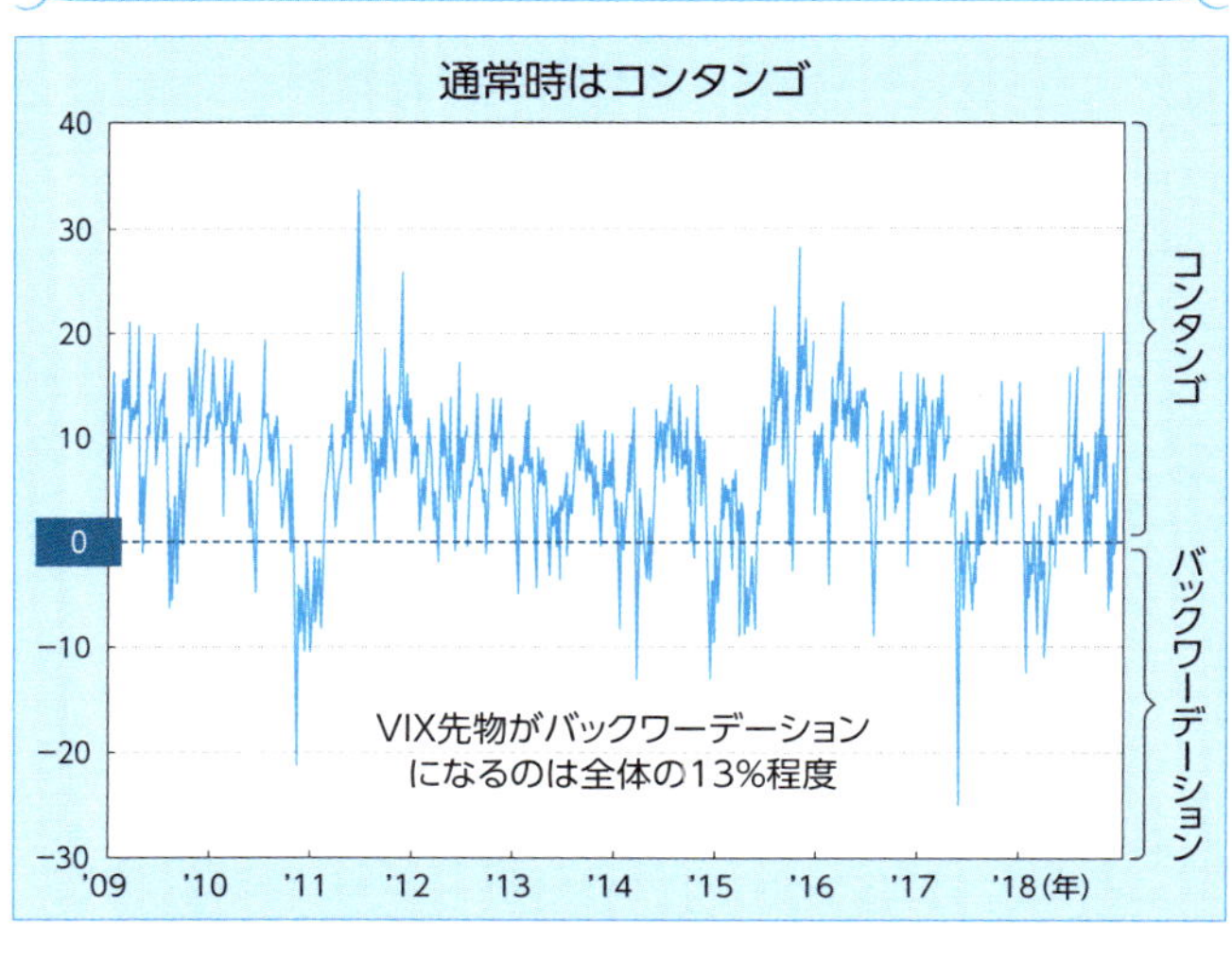

銭まで下落していました。

ここで決済したのもＶＩＸ指数先物の動きに理由があります。**5月13日時点で、ＶＩＸ指数先物がバックワーデーションとなっていたのです。**

先ほど述べたようにＶＩＸ指数先物は通常がコンタンゴ（期近価格＜期先価格）です。「期近価格＞期先価格」となるバックワーデーションは全体の13・5％しかありません。

ＶＩＸ指数先物がバックワーデーションとなったことで「陰の極」を迎えたと判断したための決済でした。

リスクオフ相場は基本的に短命です。２週間から長くても１か月程度で区切って考えています。もちろんリーマンショック級の金融システム自体の根幹を揺らがせるほどの危機であれば、もっと続きますが、米中貿易戦争やテロなどによるリスクオフであれば、２週間くらいが目安です。もっと短い場合もあります。

そのため、リスクオフ相場では「いち早くエントリーすること」が大切になります。戻り高値を待って売るよりも、ブレイクの段階で売ってしまうほうが得策です。

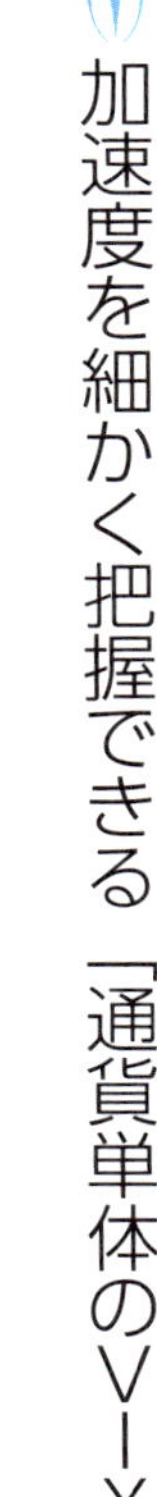

加速度を細かく把握できる「通貨単体のＶＩＸ」

ＶＩＸ指数は米国株の指数であるＳ＆Ｐ５００のオプションを基に算出される指数であることは説明しました。

ＶＩＸ指数を使えば金融市場全体の加速度を測ることができるのですが、ＦＸに応用するのであれば、より精緻な測定方法が欲しくなります。

「円は今、加速度が付いているのか？」

「ユーロは今、加速度が付いているのか？」

これを測るための指標です。

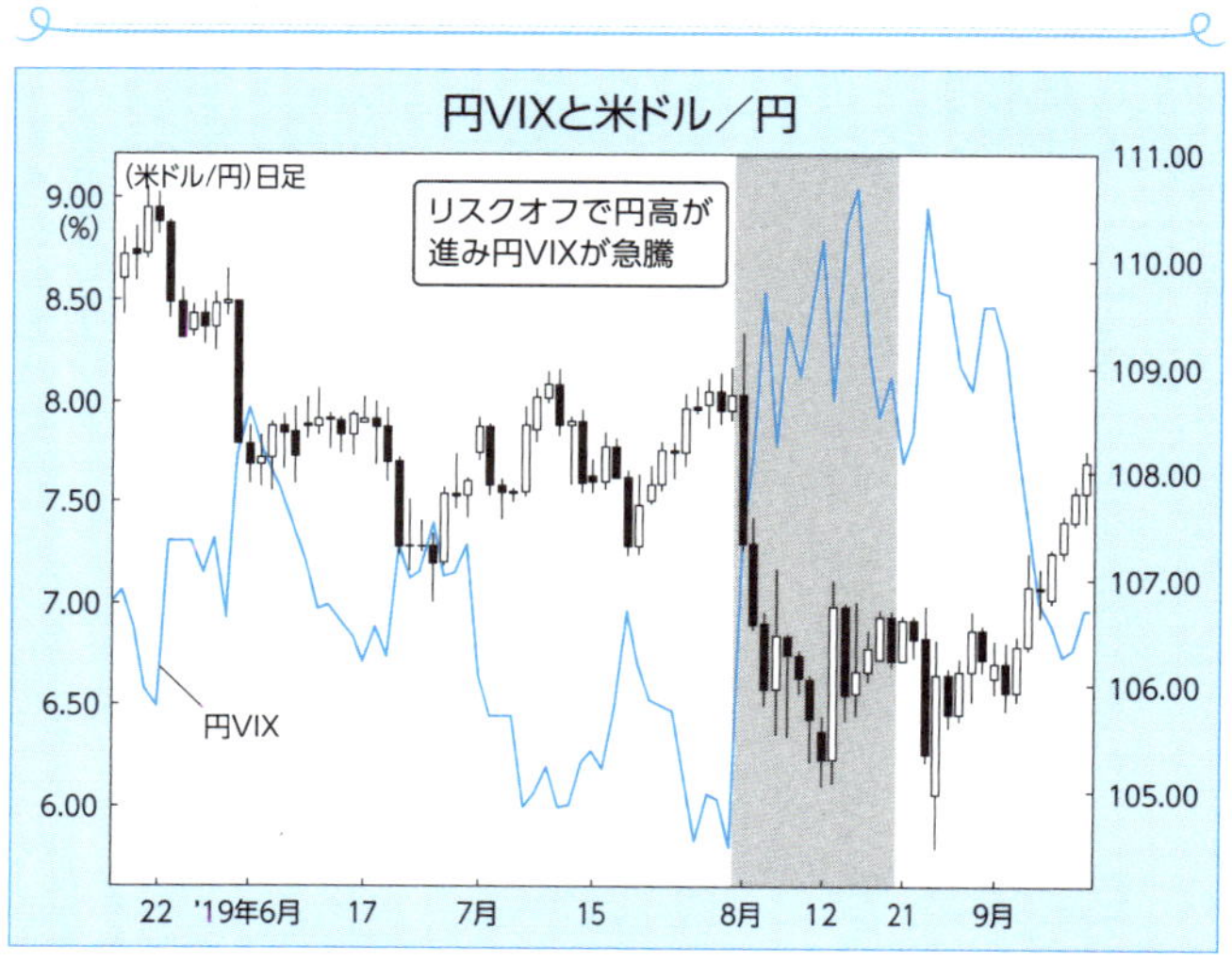
円VIXと米ドル／円
(米ドル/円)日足
9.00
(%)
8.50
8.00
7.50
7.00
6.50
6.00
111.00
110.00
109.00
108.00
107.00
106.00
105.00
リスクオフで円高が
進み円VIXが急騰
円VIX
22
'19年6月
17
7月
15
8月
12
21
9月

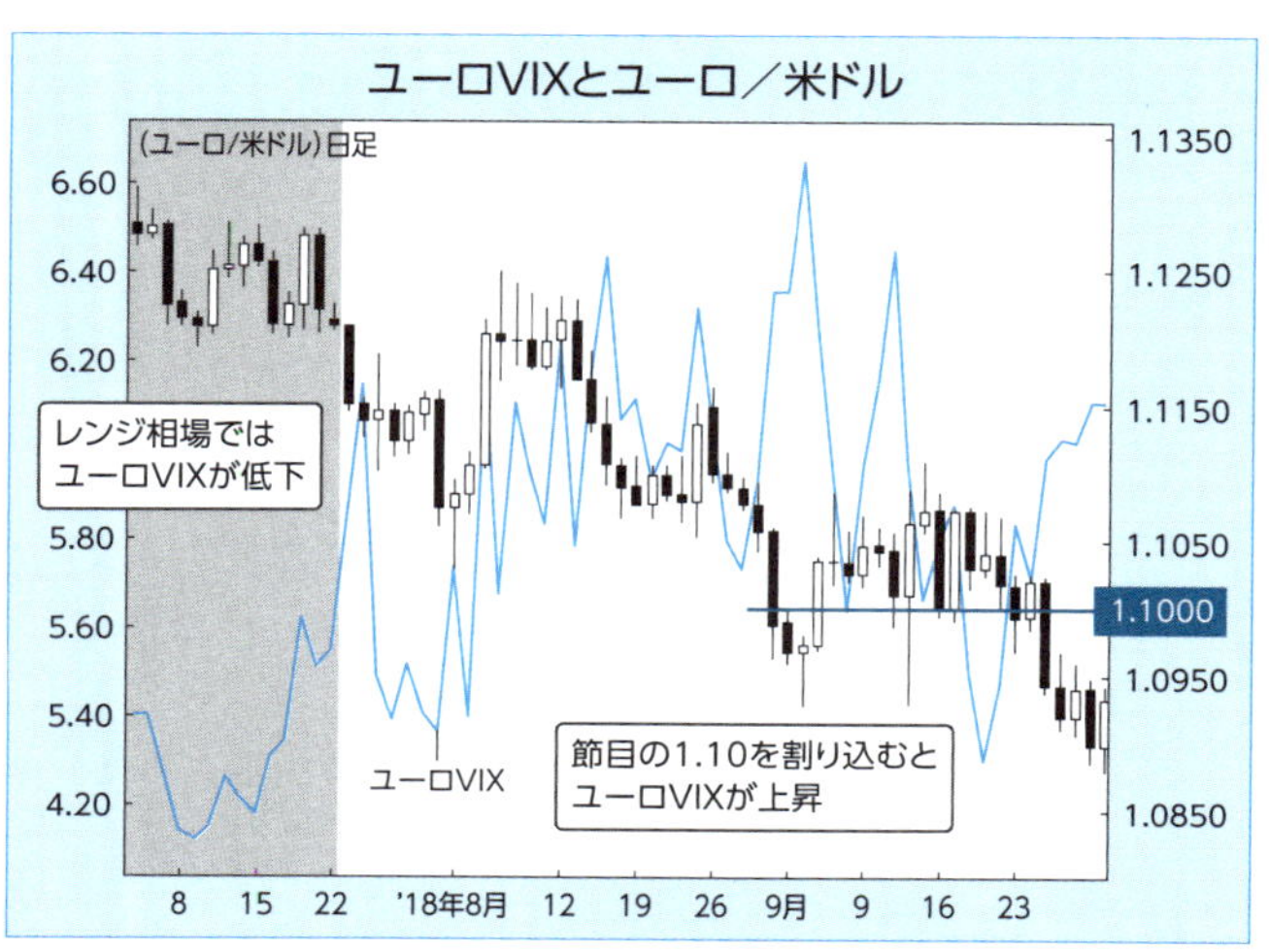
ユーロVIXとユーロ／米ドル
(ユーロ/米ドル)日足
6.60
6.40
6.20
5.80
5.60
5.40
4.20
1.1350
1.1250
1.1150
1.1050
1.1000
1.0950
1.0850
レンジ相場では
ユーロVIXが低下
ユーロVIX
節目の1.10を割り込むと
ユーロVIXが上昇
8
15
22
'18年8月
12
19
26
9月
9
16
23

あまり知られていないのですが、実は通貨のオプションを基に算出される指数もあります。「円ＶＩＸ」や「ユーロＶＩＸ」です。

計算方法としては通常のＶＩＸ指数と同じく、シカゴの取引所に上場する為替オプションを基にしています。円やユーロの為替オプションはドルストレートでの設定となっているため、「米ドルＶＩＸ」はありません。これらの円ＶＩＸやユーロＶＩＸはどんな特徴があるのか、それぞれドルストレートの通貨ペアに重ねて表示させたものが右の図です。

見ての通り、ボラティリティが大きくなる場面では通貨ＶＩＸが10％前後まで上昇しています。ユーロＶＩＸが高まっていれば、ユーロの値動きに加速度が付いている状態なので、通常よりも大きな値幅を狙えることになります。ただ、円の加速度については「リスクオフ＝円高」の傾向が強いため、円ＶＩＸを使わずとも通常のＶＩＸ指数でも代用できるでしょう。

通貨単体のVIX指数をどう判断するか

本書が目指すのは「ボラティリティをトレードする」という発想です。ボラが高まり、市場が大きく動く局面を狙ってトレードすることです。**通貨単体のVIX指数はこの発想に直結する指標と言えます。**

ユーロ／米ドルであれば、ＥＵＶＩＸ。米ドル／円であれば、ＪＹＶＩＸ。英ポンド／米ドルであれば、ＢＰＶＩＸ。これらが自分がトレードする通貨である場合、上記の通貨別ＶＩＸ指数は、有益です。

「経済指標やニュース、中央銀行の会合などでサプライズがあると、通貨は大きく動く」というのは一般的によく言われることです。ところが、サプライズがあったのにわずかな値動きにとどまることは少なくありません。材料へ反応してボラが高まるかどうか。その有力な判断基準となるのが通貨単体のＶＩＸ指数です。**結論から言うと、この通貨別VIX指数が低い場合、為替市場においてトレンドは非常に出にくく、高値を買って安値を売る、というようなトレンドフォローの戦略は、ほとんどうまくいきません。**

僕が経験則で判断基準としているのは「7」です。通貨単体のVIX指数が7を超えていればボラは高まりやすくなります。近場にあるストップをつけにいったり、ブレイクアウトが発生しやすく、トレンドフォローのトレードにふさわしい環境だと判断できます。

逆に7未満であれば、材料が出ても勢いが続きにくく、レンジに終始しやすい傾向があります。サポートラインやレジスタンスライン付近まで近づいても、ブレイクすることなく手前で反転してしまう動きに警戒が必要です。

- **通貨単体のVIX指数が7以上なら、ボラティリティが高まりやすい**
- **通貨単体のVIX指数が7以下なら、ボラティリティが高まりにくい**

狙える値幅も当然、通貨単体のVIX指数に応じて変わってきます。7以上であれば100pips以上を狙えることもありますし、7未満なら数十pips程度で早めに利益確定することになります。結局トレードでいくら稼げるかなんて言うのは、マーケット全体のボラティリティ次第なので、ボラティリティが低い時期は収益が上がらなくてもそういうものだというふうに割り切りましょう。

通貨単体のＶＩＸ指数は「インヴェスティング・ドットコム」（https://jp.investing.com/）や「ＴｒａｄｉｎｇＶｉｅｗ」（https://jp.tradingview.com/）などのウェブサイトで見られます。ボラが高まりやすいのかどうかを確認するために、トレード時には確認してください。

・ＥＵＶＩＸ（https://www.investing.com/indices/fx-euro-volatility）
・ＪＹＶＩＸ（https://www.investing.com/indices/fx-yen-volatility）
・ＢＰＶＩＸ（https://www.investing.com/indices/fx-british-pound-volatility）

ＶＩＸが示した円高の加速

'18年末はまさに加速度が期待できる状況でした。

状況を簡単にまとめておくと、ＦＯＭＣが政策金利を引き上げた直後の時期です。ＦＥＤは'19年7月から利下げに転じたので、現在のところ'18年12月の利上げは「最後の利上げ」となっています。

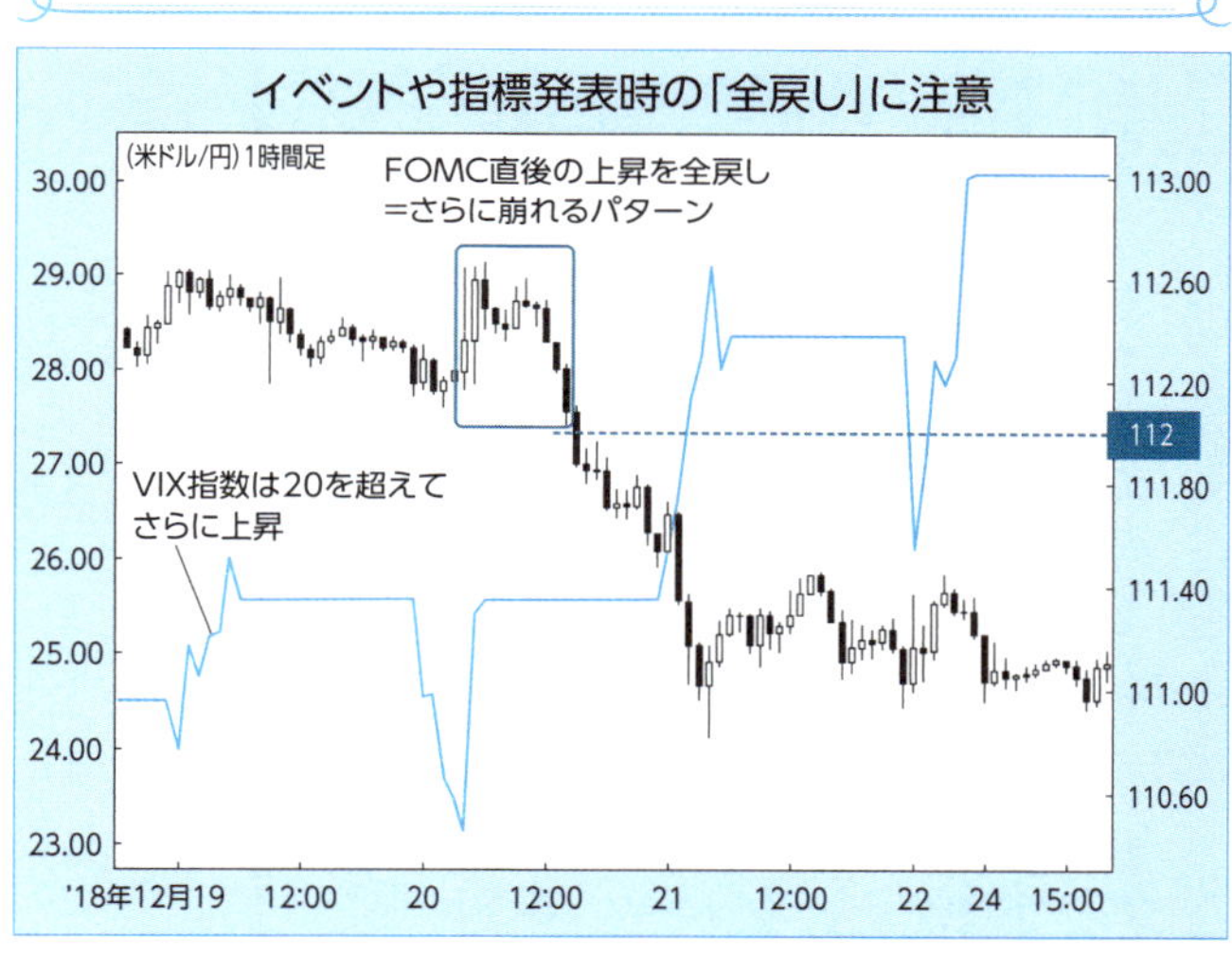

ただ、この利上げ自体は事前に予想されていたものだったため、「セル・ザ・ファクト」により米ドル／円は下落します。

ＦＯＭＣ直前が１１２・40銭。利上げの発表直後に40銭上昇し、翌日の日本時間には上昇幅を「全戻し」して１１２円割れと目まぐるしい動きです。

ＦＯＭＣの政策発表や注目度の高い経済指標、イベントなどの発表直後の急騰、急落分。これらを全戻ししたときは要注意です。**全戻しするだけでなく、そのまま抜けていく可能性が高いからです。**

しかも、この時、ＶＩＸ指数は20を超えて高止まりしていました。

さらに言えば、米ドルと逆相関になりやすいゴールドも上昇していました。逆相関とは、「ゴールドが上がれば米ドルが下がる」「ゴールドが下がれば米ドルが上がる」といったように反対方向へ動く関係です。

オーダー情報を見ても、米ドル／円はロングが74％（トレイダーズ証券のオーダー情報）と偏っており、ＩＭＭの投機筋ポジションも買いに偏っています。

移動平均線も5日線、21日線ともに下向きで、ＭＡＣＤも陰転していました。こうした情報を見れば、「米ドル／円は売りだ」と考えるのは当然です。

１１2円割れは下落の第1波にすぎず、さらに大きな波が来るはずだと考えて、売っていきました。

年が明けた1月3日、ＶＩＸ指数が示唆していた通り、フラッシュ・クラッシュという大きな波が来て、米ドル／円は１０４円台まで暴落することになりました。年末年始でロスカットを被った参加者も多い中、僕は積極的にショートを入れていたので、振り返ればボラティリティを乗りこなしたよいトレードだったように思います。

このようにボラティリティの高まりと新安値・新高値を積極的に試していく場面。そしてポジションが片方に大きく傾いている場合は、想像以上に大きなトレンドになる可能性があります。

Chapter 6

トレードで習得すべき三種の神器

人はコツコツドカンな生き物である

綿菓子に金魚すくい、おもちゃ釣りの露店——。

そんな光景を見ると思い出すのが、少年時代の思い出です。限られたお小遣いをどう使おうか、頭を悩ませた僕が目をつけたのは射的でした。

1回100円だったでしょうか。目当てのゲームソフトを見事に倒せれば、獲得できます。1回で倒せなくても2回、3回とやればきっと倒せる……！　貯金をはたいて挑んだ僕に残ったのは、残念賞のおもちゃだけでした。

数百円で5000円のゲームソフトが手に入れば、とても効率的なお金の使い方です。おおげさかもしれませんが、貧乏な少年が一発で成り上がれるチャンスがそこにあったのです。でも、ゲームソフトが手に入る可能性は極めて低いのが現実です。

大人である皆さんなら、少年時代の僕の行動が期待値の低い非効率な選択だったことはご理解いただけるでしょう。そんなギャンブルをせず、素直にソースせんべいやたこ焼きで腹を満たせばよかったのに、と。

でも、これをＦＸトレードに置き換えるとどうでしょうか。

「このトレードがうまくいけば、一発で大儲けできる！」

鼻息荒く、ムダなエントリーを繰り返してしまったことになりますよね。

ＦＸでは、このような甘い期待を抱いてトレードしてしまう人が少なくありません。しかし、**「これで買ったら、いくら儲かる」と捕らぬ狸の皮算用をしてエントリーしたトレードほどうまくいかないのが、僕の実感です**。

「ここで買ったら、いくら儲かるか」よりも、「ここで入れば、リスクが小さいな」と考えてエントリーした結果として、為替レートに想定以上の加速度がついて大きな利益を手にする。これが勝つトレードの大半というのが率直な感想です。

利益がどこまで伸びるかは相場のボラティリティ次第ですが、大きな損失を重ねてばかりなのは、「**優位性のある取引**」ができていない証拠です。

「勝ちに不思議の勝ちあり。負けに不思議の負けなし」

とは、ある野球監督が言った言葉ですが、野球よりもＦＸにふさわしい言葉だなと僕は思います。

なぜFXでは大半の人が負けるのか？

ＦＸで勝者となる人は10％か20％程度だけです。

そこには理由があります。「損は大きく、利益は小さく」という「コツコツドカン型」のトレードを行なってしまうからです。


ここでひとつ、問いを立ててみましょう。

「人はなぜコツコツドカンになってしまうの？」

実は行動経済学によって、人間はそもそもコツコツドカン型であることが証明されています。

左の図は行動経済学のプロスペクト理論でよく利用されるグラフです。「価値関数」と

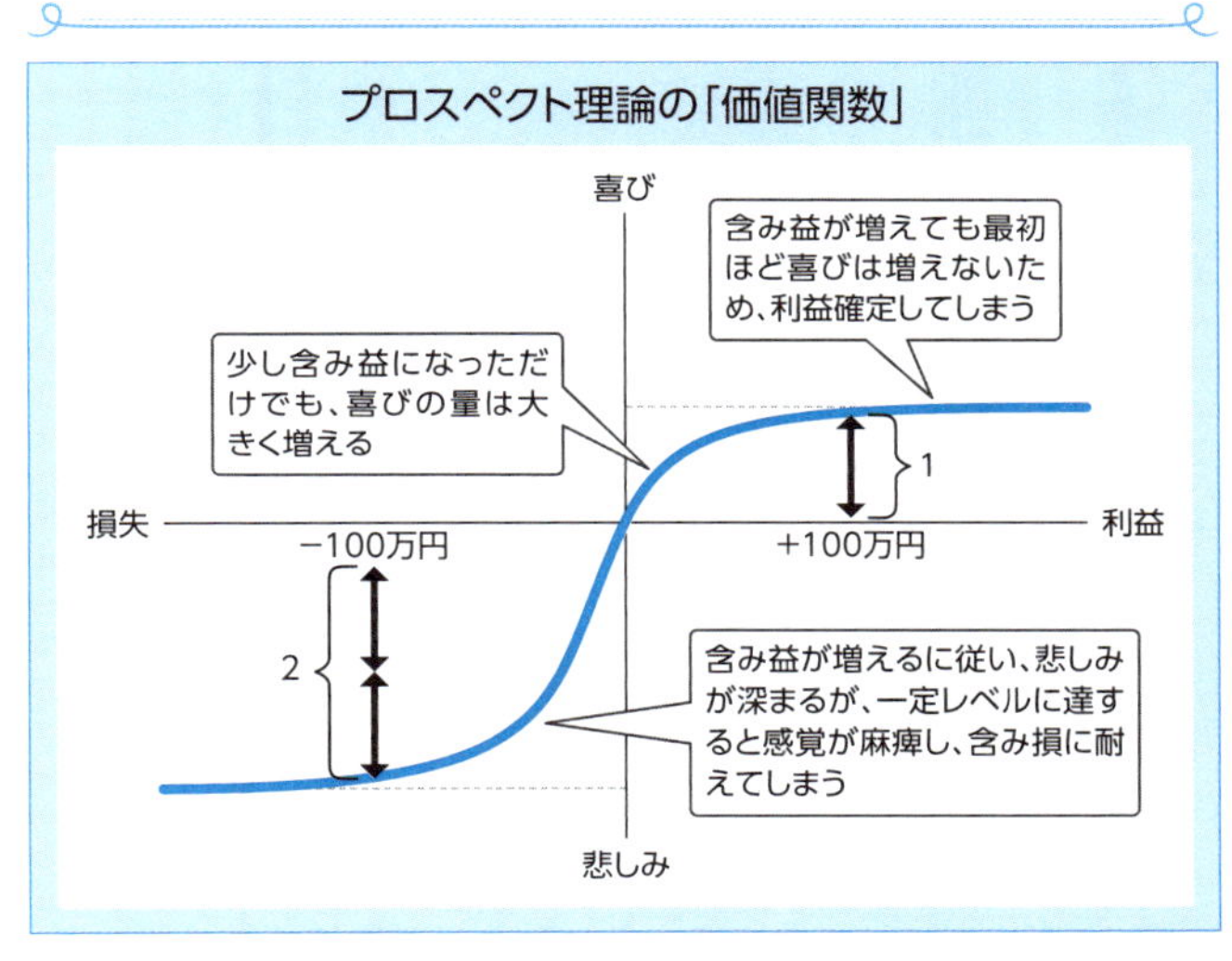

呼ばれるもので、**喜びや悲しみといった人の感じる価値が利益・損失によってどう変わるかを示したものです**。

皆さんも自分が取引しているときの感覚と比べながら、以下を読み進めてください。

あなたがトレードを始めました。すぐさま50万円の含み益が発生します。当然、喜びますよね。

為替レートはさらに伸びて、含み益が100万円になりました。先ほどの2倍の含み益です。これも当然、喜ばしい状況ですが、「含み益ゼロ→50万円」となった時と比べると、喜びの度合いは小さくないでしょうか。

このように含み益が増えれば増えるほど、「喜びの増加量」は小さくなるのです。単純に言えば、**1万円稼いだときの喜びは、100万円稼いでも100倍にはならない、ということです**。このような心理状態では「さらに利益を伸ばそう！」とするモチベーションが乏しくなるため、「やった！　儲かった!!　もっと伸びるかもしれないけど利益確定しよう」と早めに決済してしまうのです。これが「コツコツ」型になってしまう理由です。

一方で、含み損のケースも考えてみましょう。

あなたがトレードを始めました。すぐさま50万円の含み損が発生します。大きな悲しみです。含み損が100万円へと拡大しました。悲しみはさらに深まります。その深まり度合いは「含み損ゼロ→50万円」となった時ほどではないですが、しかし、やはり悲しみの度合いは大きく高まります。

ところが含み損が200万円、300万円と増えていくと、**悲しみの深まり度合いはゼロに近づいていきます**。悲しいのはもちろんですが、悲しみが限界近くに達してしまうということです。

人は含み損を抱えると当初は大きな苦痛や悲しみを感じますが、その悲しみが限界近くに達すると、鈍感になっていくのです。

その結果、「もうどうでもいい。損切りせずに、戻るのを待とう」という心理状態になり、損切りを放棄して最後には袋小路にはまり、「ドカン」と損切りせざるを得なくなってしまうのです。このように、**人間は「コツコツドカン」型のトレードを行なうように生まれついているのです。**

生まれもった本能に立ち向かうための自己規律

トレーダーとして成功するためには、「人は本来、コツコツドカン型になりやすいもの」と理解したうえで、本能に立ち向かう強さを備えることが必要です。

本能に立ち向かう強さとは「自己規律」に他なりません。これが、僕が考えるトレーダーの「三種の神器」のひとつ目です。

損切りとは、利益を生むための「必要経費」です。必要経費が膨大になって、資本金がなくなってしまったら事業を継続できません。「損切りは経費なのだ」と割り切って、サクサクと損切りしてください。

トレードの目的は、「利益を生むこと」ですが、人はひとたび含み損を抱えると、「損しないこと」に目的に変わってしまいます。**負けを小さく収めることが、勝てるトレーダーになるための第一歩**。エントリーの前に、必ず次のふたつを考えてください。

- **このトレードでいくらまで損していいのか／許容損失額の計算**
- **許容損失額に収めるための撤退ラインはどこに置くか／取引数量**

初心者のために具体的な数字で説明します。

米ドル／円が110円の時に「買いだ」と判断したとします。資金50万円なら、1トレードの損失は5％程度が限度です。5％と決めたなら許容損失額は2・5万円（50万円×5％）です。

次にエントリーの際には必ず「どこで損切りするか」と撤退ラインを決めてください。

僕は撤退ラインより手前でも、思った値動きと違った場合は損切りします。撤退ラインは

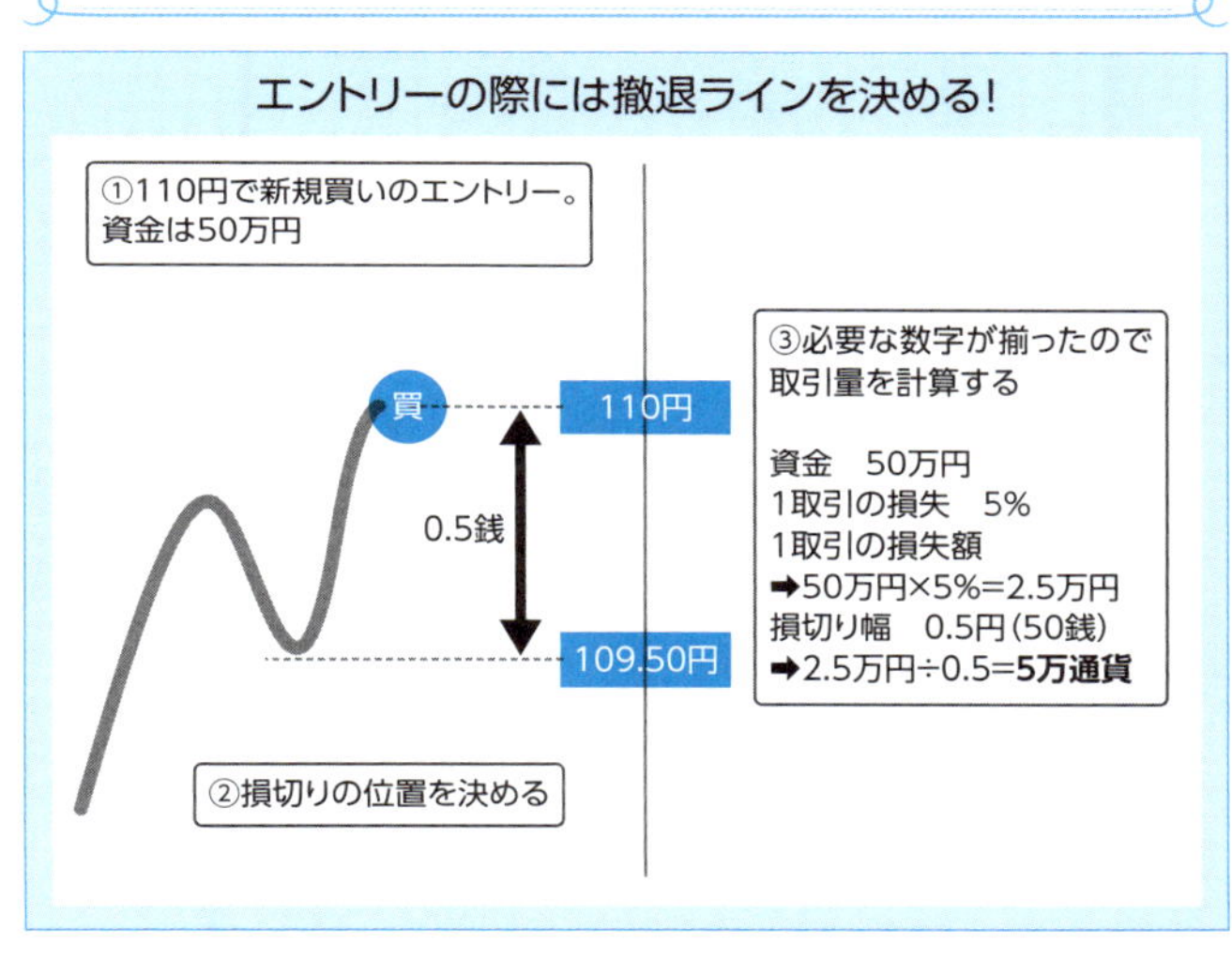

最終防衛ラインです。「**これ以上に不利になったら、何があっても損切りする**」と決めた強制的に撤退する為替レートです。

今回、撤退ラインが109円50銭だとすると、損切り幅は0・5円です。0・5円幅で損切りしても、損失が2・5万円で収まる取引額は5万通貨（2・5万÷0・5）になります。

こうした計算を行なったうえで取引数量を決めて損切りを着実に実行していけば、成績は変わってくるはずです。あっという間に全資金を失って、FXを続けられなくなるようなことはないでしょう。

勝てるトレーダーになるなら、まずは負け

ないトレーダーを目指しましょう。

「ドローダウン」とうまく付き合うために

ＦＸで勝つことは、実はたいして難しくありません。

金融政策や政情が大きく動く時、通貨は動きます。そんな時だけ、「トレンドに対して押し目を拾う・戻りを売る」ことを淡々とやっていれば勝てます。では、何が難しいのでしょうか。**それはＦＸで勝ち続けること、です。**

投資では予想もつかないようなことが起こります。イギリス国民が選択したブレグジット、トランプ米大統領の誕生は、いずれも事前の世論調査を裏切る結果でした。あるいは、フラッシュ・クラッシュやトルコショックのような不意の暴落もあります。

こうした異常なボラティリティの高まりは、一定の確率で必ず起こります。損切りができない人は、こうした異常なボラの出た相場で資金の大半を失います。

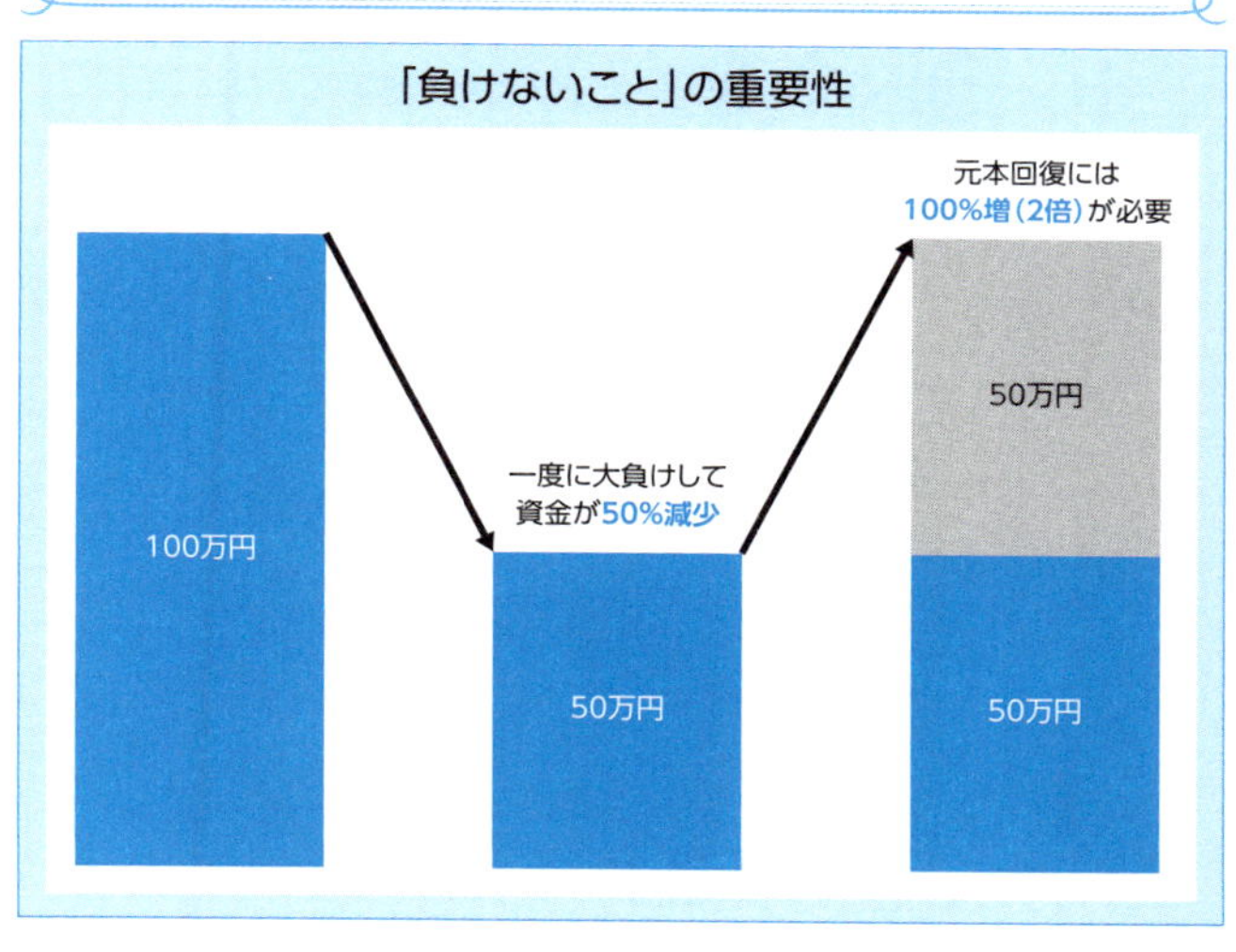

１００万円あった資金を50％失うと、50万円になってしまいます。元本に回復させるのに必要な収益率は50％ではありません。１００％、つまり2倍にすることが必要となります。儲けるどころか元本回復に半年、1年と時間がかかり、その間の時間をムダにしてしまいます。

損切りを行なっていても、一度の損切りで資金の20％、30％を失うようだと早晩行き詰まります。トレードでは必ず連敗する時期が訪れるからです。**20％の損失を3回繰り返すと、１００万円あった資金は51万円になってしまいます。**

ＦＸでは3連敗なんてザラに起こります。

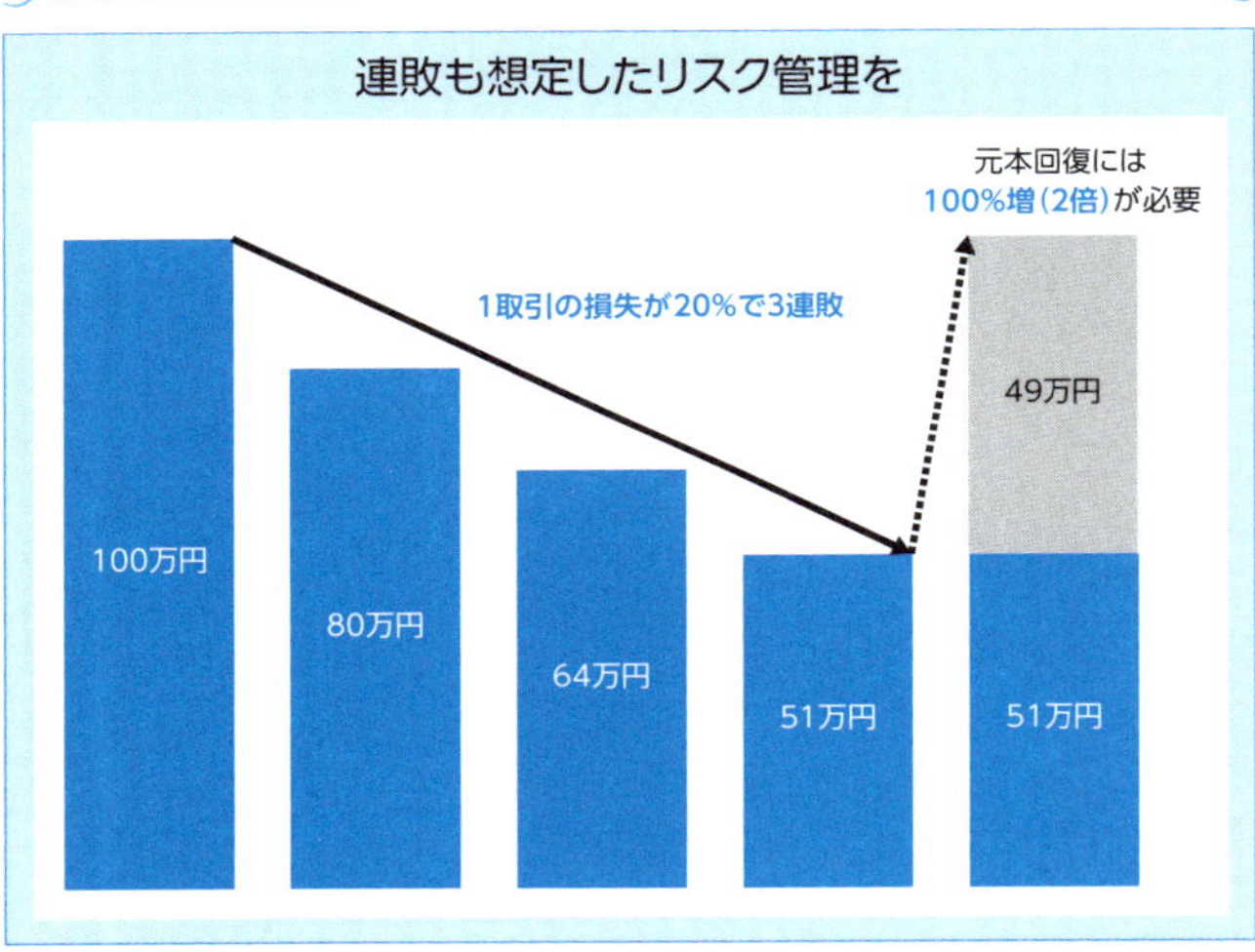

5連敗や10連敗だって珍しくありません。**一度の取引での損失が資金の10％を超えるようだと、退場リスクが高まります**。自分の資金量とも相談しながら、10％以下になるよう、取引数量を調整してください。

できればドローダウンを食らっても、同じ取引数量で取引が続けられるよう、先ほどの計算よりも、さらに保守的な小さい取引数量にすることが望ましいところです。

FXで損切りする理由はふたつに大別できます。

(1) 上がると思ったのに上がらなかった

(2) 天井で買ってしまい、買った後に深い押し

目が来た

このどちらかではないでしょうか。(1)は「相場観の間違い」と、(2)は「タイミングの間違い」とも言えます。相場観を間違えるのは、そもそも「チャートを読めていない」「日足のチャートを見ていない」など、基本的な部分ができていない場合です。

一方で、タイミングを間違えるのは、たいてい「儲けそこねる恐怖」が原因にあります。

「上がると思って上がったが、買い遅れたので慌てて買ったら天井だった」なんていう経験があるのではないでしょうか。相場観は合っていたのにポジションを持っていないと、「儲けそこねる恐怖」が生まれ、天井で買ったり、底値で売ったり、不利なタイミングでエントリーしてしまいます。**人は「儲けそこねる恐怖」には敏感なのに、「損をしなかった喜び」には鈍感な生き物でもあります。**

いいタイミングで入れなかった時には、エントリーを見送ることも必要な自己規律のひとつです。あるいは、トレンドに飛び乗りせずに「**しっかり押し目を拾う・戻りを売る**」ということを自己規律に加えるだけでも、損切りの回数は格段に減るはずです。

資本主義社会の「体力ゲージ」

格闘ゲームでは体力がゼロになると敗北です。資本主義社会における「体力ゲージ」とは、何でしょうか。

答えは、資産です。

資産がゼロになることは、市場からの撤退であり敗北です。格闘ゲームならば体力ゲージがゼロすれすれになってからの逆転劇がないわけではないですが、トレードの世界ではまずありえません。資産があとわずかになってから無謀なリスクをとったところで、奇跡の逆転劇なんて起こらないのです。それは死期を早めるだけの行為です。

ギャンブラーの世界では、損失の大半が「もうどうでもいい！」とやけくそになってから生じるといいます。

リターンはリスクの裏返しです。リスクをとり続けていれば、必ず「ドローダウン」が発生します。**ドローダウンとは、ざっくり言えば、資産の大きな減少です。**

ドローダウンは不可避ですが、しかし「ドローダウンの幅」はある程度まで、自分で調整することができます。

ドローダウンとは「1トレードの損失×最大連敗数」と考えられます。連敗数はコントロールできなくとも、1トレードの損失を抑えることでドローダウンの幅を小さくできるのです。また、レバレッジを高めればリターンは増えますが、リスクも高まります。ハイレバを否定はしませんが、しかし「ハイレバでリスクをとるのは勝負どころだけ」と限定しています。常にハイレバでトレードしていると、ドローダウンを迎えた時に資産の大半を失うことになるからです。

投資の世界で「神」とされる投資家のひとりに、ウォーレン・バフェットがいます。バフェットは投資について、ふたつのルールを設けていました。

(1) 決してお金を失わないこと

(2)ルール(1)を忘れないこと

決してお金を失うなと繰り返しているだけです。とてもシンプルであり、僕も共感するルールです。バフェットは、このふたつの（実質的にひとつの）ルールを遵守し、相場の世界で80年近く生き残ってきました。世界有数の大富豪となったのは、長きに渡り生き残ってきた結果でもあります。

アベノミクスや、仮想通貨バブルは多くの億り人を生みました。決してお金を失わず生き残ってさえいれば、資産を大きく増やすチャンスと巡り会えるのです。つまり、厳格な資金管理をもってトレードに臨む。これも「三種の神器」のひとつと言えるでしょう。

メンタルは大事。だけど一番ではない

メンタルが大切だ――。

これはFXに限らず、トレードでよく言われることです。しかし、「メンタルが一番大切か」と言われれば、僕は違和感を覚えます。もちろんメンタルは大切であることに異論はありませんが、**それ以上に大切なのは「期待値の高いトレードを仕掛けること」です。**

スポーツの世界で考えれば、それはすぐにわかることです。

あなたがイチローのようなヒットを打つために大切なこととは？

あなたが大坂なおみのようなサーブを打つために鍛えるべきことは？

プロ選手ではないあなたが野球やテニスで活躍しようと思えば、**まず必要なのは基礎的な技術です。**バットやラケットの振り方を知らずにメンタルをいくら鍛えたところで、成果は得られません。

大坂なおみや、あるいは史上最高のテニスプレイヤーと称されることも多いロジャー・フェデラーのように、メンタル面の脆さから大成するまでに時間がかかった選手もいます。

フェデラーの若い頃の映像を見ると、思うようなショットができない時にラケットを叩きつけたり、大声をあげたりして、その後のプレーが雑になり負けてしまうシーンもあります。2人が大成できたのはメンタル面を強化したことが大きな要因だったのでしょう。

しかし、それは基本的な技術があってのことです。

基礎技術のない人がメンタルをいくら鍛えても成果につながらないのは、ＦＸでも同じです。ＦＸで基礎技術に当たるのが**「優位性のある場面でトレードを仕掛けること」**です。それが呼吸をするようにできるようになって初めて、メンタルが課題となってきます。

僕自身、損益の金額が大きくなるにつれて、メンタルのゆらぎから優位性のない場面でトレードを仕掛けて痛い思いをしました。「メンタルが大切なんだ」と実感したのは、その時が初めてです。

ＦＸは気合や根性でどうにかなるような世界ではありません。「メンタルが一番大切」なんて迷信ですから、まずは基本的な技術を身につけてください。大切なことなので繰り返しますが、前提となるのは基礎技術の習得であり、これも僕が考える「三種の神器」のワンピースです。

通貨ペア再考～もし僕が初心者だったら～

初心者からよく相談されるのが、通貨ペアの選択です。

・ファンダメンタルズ面で強弱の明確な通貨同士のペアを選ぶ

という考え方を紹介しましたが、それはファンダメンタルズ分析について、ある程度の基礎知識があっての話でもあります。

ここでは「もし自分が初心者だったならば」と仮定して、通貨ペアの選択について考えてみましょう。結論から言うと、初心者は米ドル／円、ユーロ／米ドル、それにユーロ／円に絞ったほうがよいでしょう。

FXで使われる単位は「ｐｉｐｓ」です。米ドル／円やクロス円なら「1銭＝1ｐｉｐｓ」ですし、ユーロ／米ドルなら「0・0001ドル＝1ｐｉｐｓ」になります。1万通貨取引なら米ドル／円とトルコリラ／円はともに「100ｐｉｐｓ＝1万円」です。

しかし、米ドル／円の水準はざっくり100円、トルコリラ／円は20円です。100円の米ドルが1円（100pips）動けば1％、20円のトルコリラが1円動けば5％です。トルコリラが1pips動くのに必要な比率は米ドルの5倍です。

比率を1％に固定して考えれば、米ドル／円が1％＝100pips動くとき、トルコリラは1％＝20pipsしか動かないとも言えます。

このように同じ1円でも、分母となる為替レートの水準が違えば、インパクトは異なります。

値幅（円、ドルなど）で考えるのか。

比率（％）で考えるのか。

正しいのは後者です。**金融市場では比率で考えるべきです。**それはコスト面を考えればあきらかです。

米ドル／円はスプレッドが0・3銭、トルコリラ／円は1・7銭です。トルコリラ／円は米ドル／円の5〜6倍のコストがかかります。しかもトルコリラが1円動くのに必要な比率は米ドルの5倍です。値幅1円あたりで考えたトルコリラ／円の取引コストは非常に

高いということになります。ましてマイナー通貨や新興国通貨はオーダー情報やファンダメンタルズの情報が乏しく、優位性が得にくい通貨です。

こうしたことを考えると、初心者はまずトレードの対象をコストが割安な米ドル／円やユーロ／米ドル、せいぜいユーロ／円くらいに絞って、基礎技術を身につけてからトレード対象を広げていく、といった発想でいいと思います。

僕も政策金利発表などのイベントがあり大きく動きそうな局面以外では、あまりNZドルを取引しません。**1日のボラティリティとコストを考えると、効率が悪いからです。**

Chapter 7

実際にどんなトレードをしてきたのか

実践トレードから見る、ファンダメンタルズとボラティリティの解釈

トレードでもっとも大切なのは準備です。

皆さんも大切な打ち合わせの前には取引先を調べるでしょうし、デート前にはデートコースの周辺情報を前もって調べてから臨みますよね。トレードの世界でも、一番大切なのは準備です。目の前の動きについていく「だけ」では、勝ち続けることはできません。

FXではどんな準備が必要で、どう実践していくのか。僕が実際に行なった過去のトレードから、いくつか具体例を紹介していきたいと思います。

まずは僕がファンダメンタルズ分析の有効性を実感した、'15年10月からのユーロ売りトレードです。きっかけとなったのはドラギECB議長（当時）の発言でした（①）。「金融緩和策を発表するかもしれない」という示唆があったのです。**それも、「あらゆる手段」**

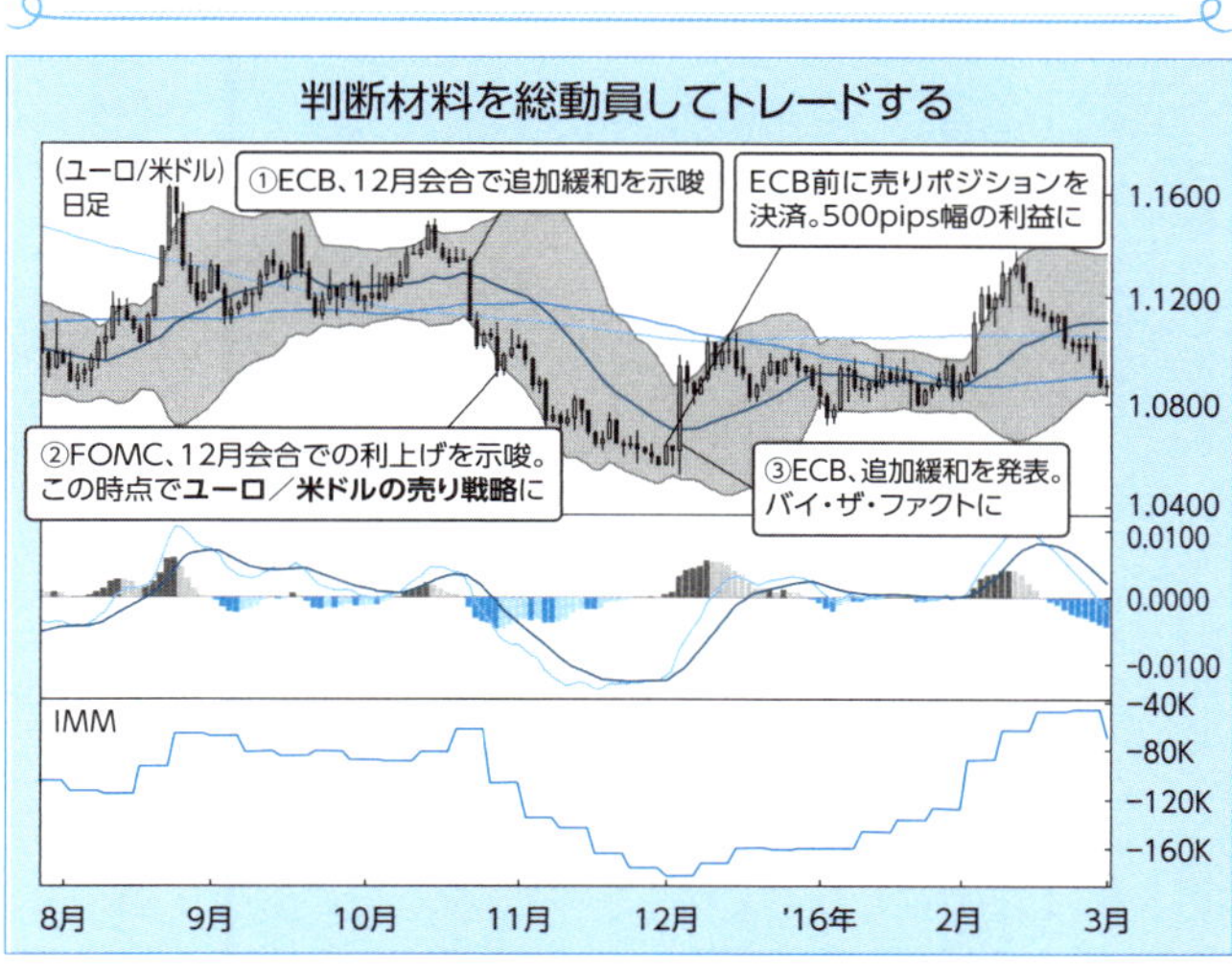

を検討するという強い言葉でした。

さらにアメリカでは12月の会合で利上げを示唆する発言がありました（②）。実現すれば9年ぶりとなる金融政策の転換です。

どちらかだけでもトレンドが形成されそうな強い材料が、同時期に2つ揃いました。ユーロは金融緩和、米ドルは利上げなので強弱は鮮明であることから、ランダム度の低下が期待されました。当然、選ぶべき食材は「ユーロ／米ドルのショート」ということになります。

日程を見るとECBは12月3日、FOMCは12月16日でした。ユーロ売りのトレンドは12月3日のECBで実際に追加緩和が発表されれば材料出尽くしによる「バイ・ザ・ファクト」となって反転する可能性が考えられます。ユーロ／米ドルのショート戦略は12月３日まで、と導けます（③）。

このとき、ＩＭＭやオアンダの売買比率はどうなっていたでしょうか。

ＩＭＭでは10月のＥＣＢ時点でユーロ売りに傾いていました。５万枚の売り越しです。翌週のＦＯＭＣでは売り越し枚数が10万枚へと増加しました。

ＩＭＭだけを見ると、ユーロを売っていくのは不安なのですが、オアンダを見ると、個人投資家はユーロを買っている様子が見て取れました。

ＩＭＭを利用するようなプロと、オアンダを利用する個人投資家のポジションが異なることは少なくありませんが、**そんな時は、ファンダメンタルズの示す方向へ緩やかなトレンドが発生する傾向があります**。ポジション情報は「売りでＯＫ」と言ってくれていたわけです。

さらに移動平均線を確認しても５日線と21日線は下向き。しかも強い節目となりやすい２００日線も下に抜けています。売るのに最適な形です。

この場合もそうでした。10月半ばには１・14だったユーロ／米ドルはジリジリと下げ続けて1か月後には1・06まで下落。800pipsも下げました。

僕が売ったのはFOMCでの利上げ示唆を受けてからだったため、利幅は500pips程度です。決済はECB直前。バイ・ザ・ファクトを警戒してのことでした。

ノーポジションで迎えたECB当日。発表された追加緩和策は市場の期待に届かず、バイ・ザ・ファクトの買い戻しも出て、ユーロは急騰することになりました。

ECB直前、IMMのユーロ売りポジションは過去最大に膨らんでいました。オアンダを見ると個人投資家のポジションもショートで、「もうユーロを売る人はいないだろう」というくらいに売り尽くされたところに、イベント通過によるバイ・ザ・ファクト。さらには「発表内容が期待以下」というサプライズが加わって実現した急騰劇でした。

原油市場の暴落で売ったカナダドル

このトレードには、まだ続きがあります。本書の第1章冒頭で紹介したトレードです。

原油の動きからカナダドルを読む

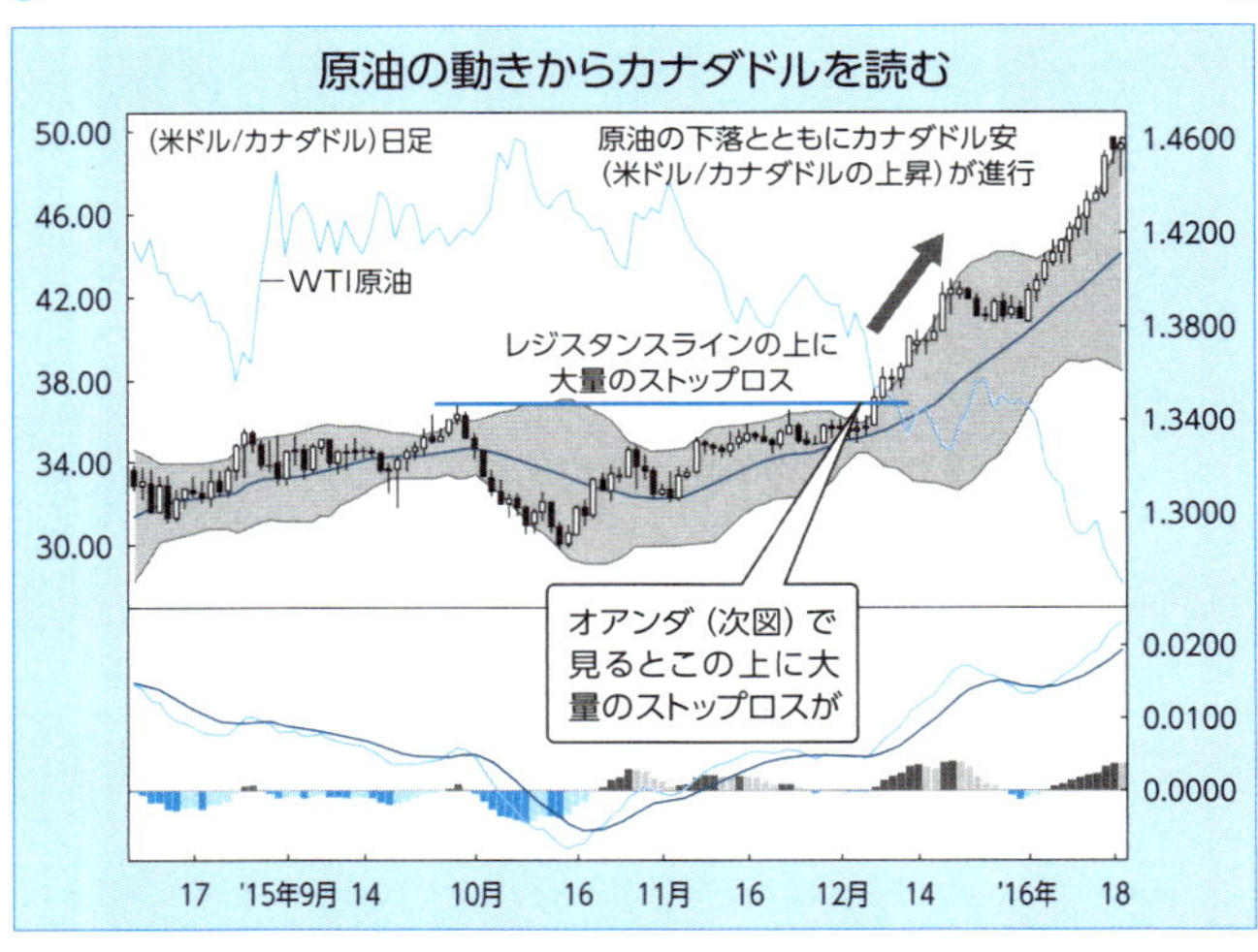

ECBを通過してユーロ売りは選択肢から消えたものの、FOMCまではまだ日があり、「米利上げ」というドル買い材料は残っていました。

米ドルを買いたいが、もうユーロは売れない。ドル買いの相手通貨は何がいいのか――。

そう考えながらファンダメンタルズを確認していくと、目についたのが原油の暴落です。原油と相関性の強い通貨はカナダドルです。原油が下がるとカナダドルが売られやすいという傾向です。

不思議に思うかもしれませんが、カナダは世界でも有数の原油埋蔵量を誇る産油国です。技術の発展により、それまで採掘が難しかった「オイルサンド」と呼ばれる粘性の高い土

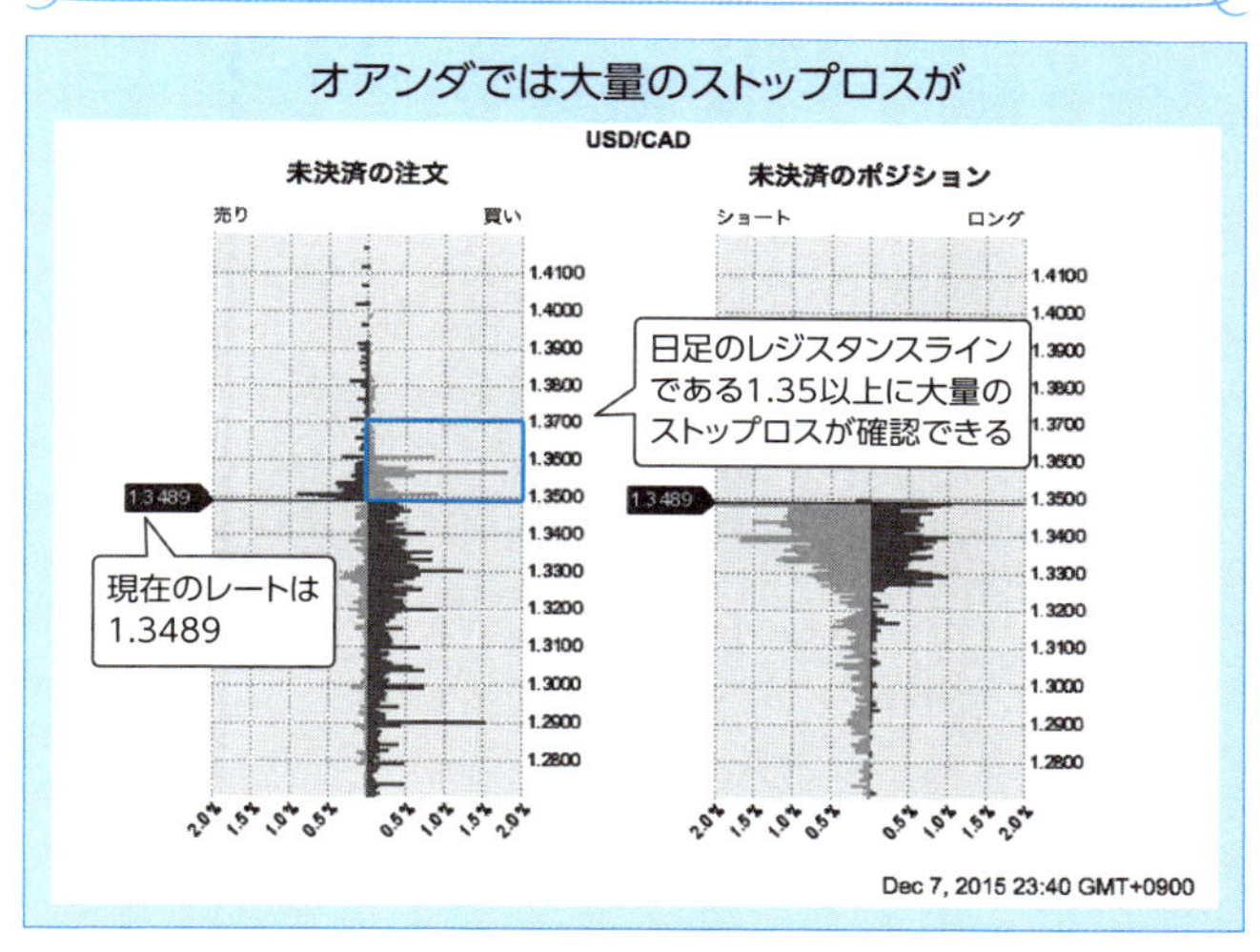

壊からも石油が採れるようになったためです。

ここで「米ドルを買って、カナダドルを売る」という戦略が頭に浮かびました。

チャートを確認すると、原油価格がサポートラインを割ってから、カナダドルの下落（米ドル／カナダドルの上昇）も顕著となっていました。

しかも、原油価格は直近安値を割り込んでいます。底なしの下落となりそうな気配もありました。原油価格がさらに下げるなら、カナダドルの下落余地も大きいように見えます。

原油価格とともに下落していたカナダドルと、利上げを控えて強い米ドル。これも強弱

が鮮明です。

この時点でＩＭＭの投機筋ポジションは若干のカナダドル売りでしたが、オアンダでは米ドル／カナダドルの売買比率はショート（カナダドル買い）が63％と、過去最高レベルに傾いていました。上側にはストップロスも確認できます。

ポジションの傾きは過去最高レベル。大きなストップロスも見えている。原油市場も弱い。利上げ期待の高まり――。これだけの材料が揃えば、ランダム度は格段に低下します。

戦略としては米ドル／カナダドルが高値をブレイクしてロングし、実際に利上げした後の「セル・ザ・ファクト」による米ドル急落を警戒して、ＦＯＭＣ前に決済する、というのがセオリーです。

僕はこの時、エントリー後3日ほどで３００ｐｉｐｓ近く上昇したため、深追いせずに決済しています。さらに上がったため、若干の後悔はないわけではありませんが、深追いしてせっかくの含み益を無にするよりは、はるかにマシです。

このようにファンダメンタルズ分析やポジションの傾きからエントリーする通貨ペアを

吟味してトレードすると、エントリーや決済が多少甘くても、大きな利益が狙えます。ユーロ／米ドルのショートと、米ドル／カナダドルのロング、このふたつのトレードはその好例です。

ちなみにこの時の通貨別ＶＩＸ指数の推移を見ると、10月28日以降、ＥＵＶＩＸが増加傾向で、トレンドが続いていることがわかりますね。

前述したように、通貨別ＶＩＸが7を超えてくると、その通貨ペアでは優位なトレンドフォロー戦略が機能しやすいと思っています。

また、ＪＰＹＶＩＸも増加傾向であることがわかります。これが年明け、'16年の歴史的なリスクオフにつながることになります。

リスクオフ局面は円高で攻める

リスクオフとは、株価が下落基調のマーケットのことです。現在日本円は各国に比べて低金利であり、キャリートレードに使われやすいです。つまり、普段の株式市場のアップ

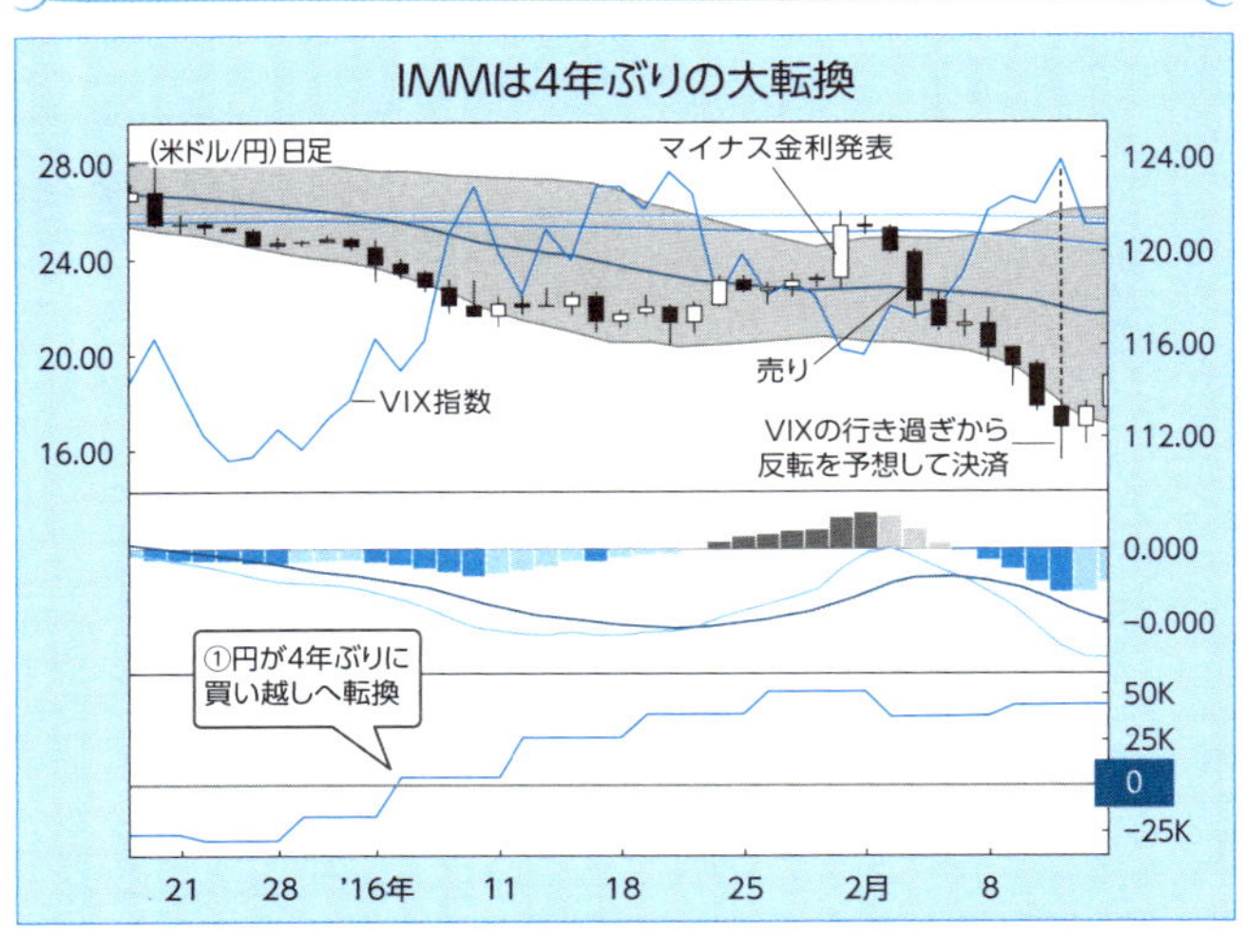

トレンド時は円が売られやすい傾向があります。逆に言えば、強烈なリスクオフ時は株価の下落とともに、円が買われやすく円高になります。

特に株価指数とクロス円の相関が高く、豪ドル/円と米国株の相関係数は0・65とかなり相関が高いといえます。

IMMの円ポジションは'16年1月5日に、'12年10月以来のネットで日本円ロングになりました（①）。

この時、個人投資家は70％以上の人が米ドル/円ロングのポジションを構築していました。大口の機関投資家は日本円を買っているのに、個人投資家は日本円を売るポジション

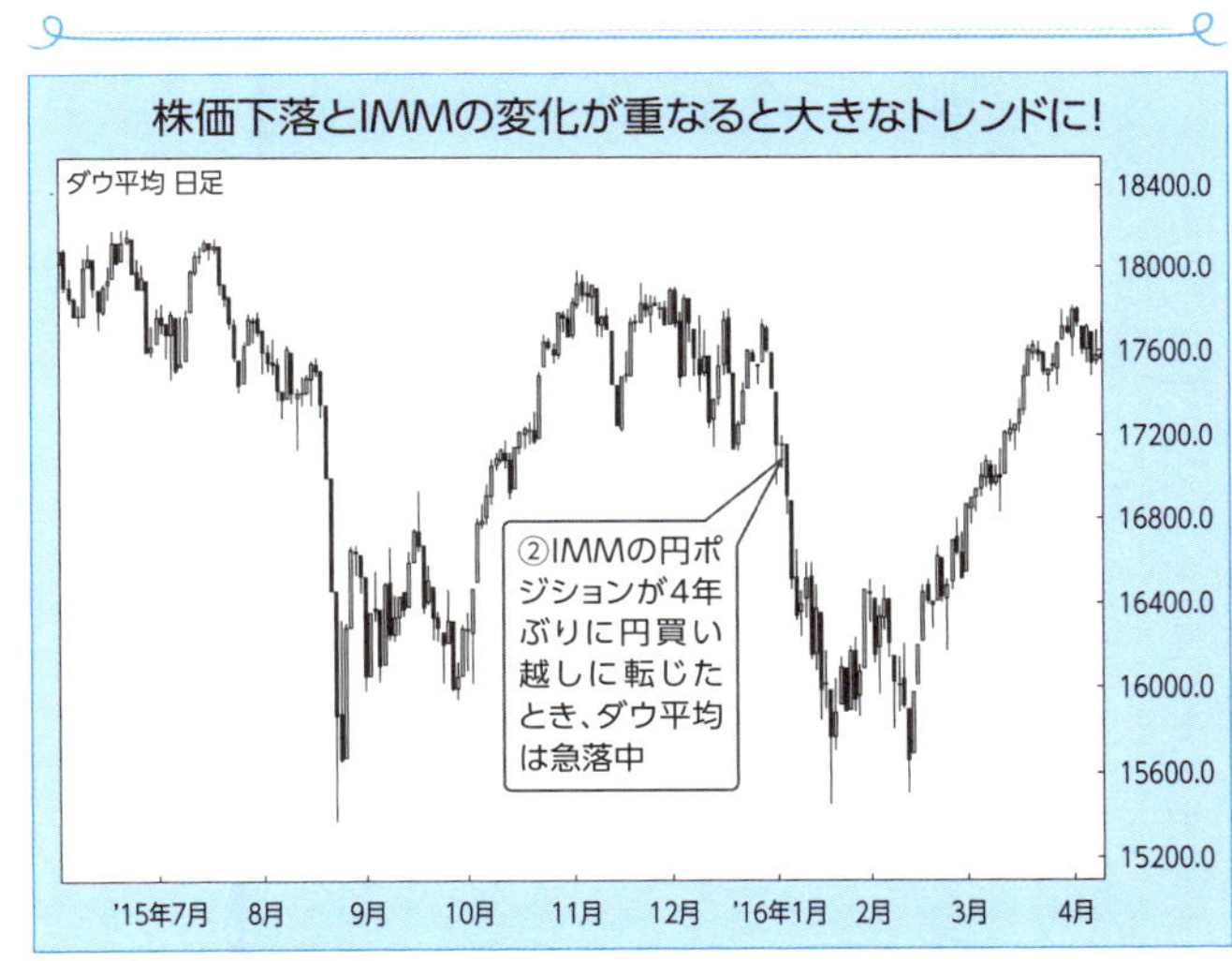

を構築していたわけですね。

ＩＭＭが円ロングに切り替わってからの円高はすさまじいものでした。これは、米ドル／円の日足チャートを見れば一目瞭然です。

思い返してみれば、'15年末の円ＶＩＸ指数の増加は、このボラティリティを織り込んでいたのですね。

'15年7月〜'16年4月のＮＹダウの日足チャートが上の図になります。このように株価下落時とＩＭＭのポジションが4年ぶりに大きく変わるということが重なると、とてつもないビッグトレンドが生じることがわかると思います（②）。

トレンドさえわかれば、その中で戻りを売

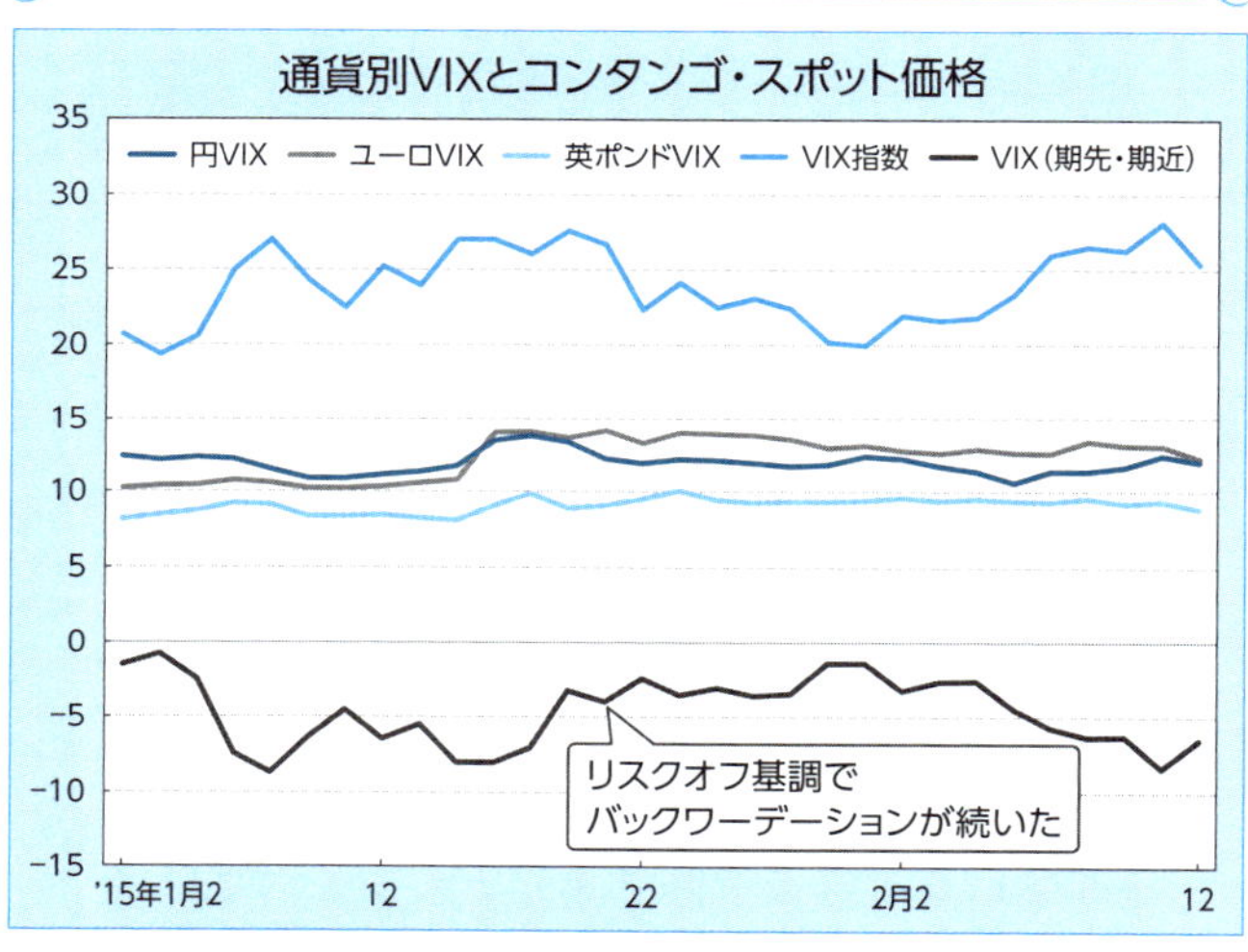

ったりブレイクアウトを狙ったり、時間帯によって様々な戦略が考えられますが、買いより売りのほうを多く持つことで期待値を大きくしやすい展開に持ち込めます。

先月の円ＶＩＸの上昇を見て、このようなボラティリティの増加に備えている人たちにとっては、実のある1か月間となった月でしょう。

トレードは、因果関係があってなおかつボラティリティの高い時にやるのが、非常に効率がよい事例でした。

参考までに、通貨別ＶＩＸ指数とＶＩＸのコンタンゴ・スポット価格の表を載せておきます。

これらを見ても、ＶＩＸ指数はバックワーデーション状態が続き、マーケットがかなりリスク回避的であったことがわかります。また、通貨別ＶＩＸを見ても、かなりボラティリティが高水準にあったことがわかるでしょう。

強いファンダメンタルズが効かなかった時は要警戒

'16年1月。第1章でも紹介したように、日本銀行のマイナス金利導入のサプライズだけを見て、僕が大損失を食らった時期でもあります。

マイナス金利発表直後の円安を見て、豪ドル／円や英ポンド／円を買ったのですが、大きな損失を被ることになりました。想定よりも円安が進まなかったためです。

この損失はあきらかに防げるものでした。実際、当日の損切り後、冷静になった僕は円買いに転じて、利益を出しています。**では、「これ以上の円安は難しい、むしろ円高だろう」と判断できた根拠は何だったのか。** それは、ＩＭＭの投機筋ポジションです。

次ページの図はこの時期の米ドル／円に投機筋ポジションを加えたチャートです。マイ

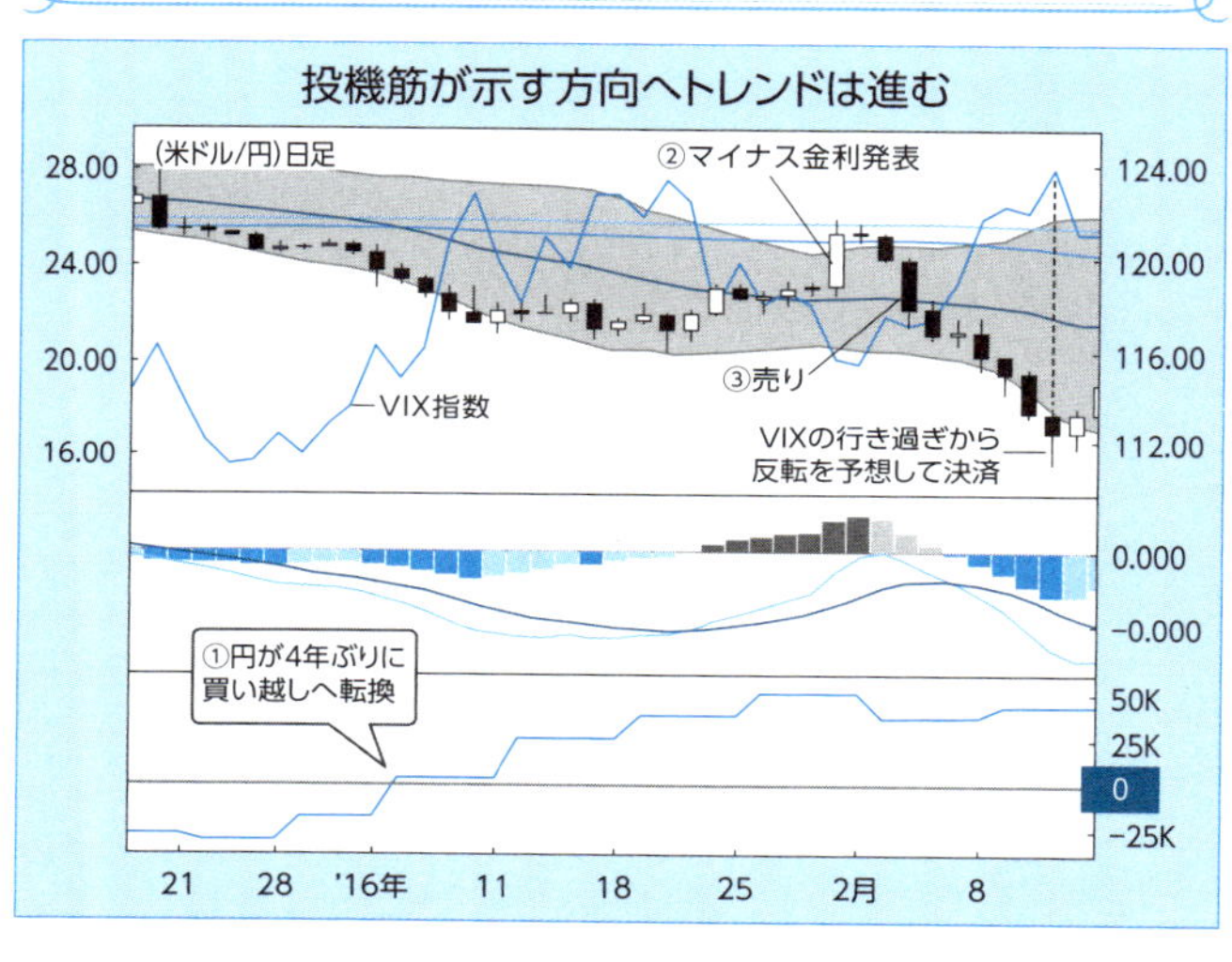

ナス金利発表の1か月前を起点に円売りポジションの解消が進んでいました。**円売りの解消は、すなわち円買いです（①）。**米ドル／円なら下押し圧力が高まっていたことになります。1月には、投機筋ポジションが4年ぶりに円ロングに転じました。

同時期、個人投資家は何をしていたか。オアンダで米ドル／円の売買比率を見ると、70％がロングです。投機筋は円買い、個人は円売りと割れていたのです。

こんな時は投機筋が示す方向へとトレンドが進む可能性が高いことはすでに述べた通りです。チャートを見ても、マイナス金利発表直後（②）の高値を天井にした下落トレンドが明確です（③）。

市場では何が起きていたのでしょうか。リスクオフです。

原油価格が暴落し、同時に米国株市場でも下落基調が強まっていました。背景にあったのはドイツ銀行の経営不安です。世界有数の銀行の経営不安は、否応なしにリーマン・ショックを連想させます。

この時、米ドル／円の移動平均線も下落基調を示していました。5日線と21日線は下向きで、マイナス金利の発表直後につけた高値はちょうど200日線にぶつかり跳ね返されています。

ダウ平均急落によるリスクオフと4年ぶり

の投機筋ポジションの転換。そして、日足のトレンド――。こうしたことが重なれば、円高方向へと動くであろうことは容易に想像できます。

それを象徴したのが、マイナス金利で上げた分をわずか3日で吐き出したこと。米ドル/円は急速に下落していきました。**「マイナス金利導入」という日銀のサプライズをもってしても、市場のトレンドは変えることができなかったのです。**

このように、市場が材料に対してその方向通りに進まず、材料が出たところまでレートを戻すと、ポジションは逆流することが多いです。この場合、「マイナス金利導入だ！」と飛びついたロングプレイヤーが、ロングポジションを精算されるまで、下がることになります。こういった市場のサプライズを全否定するような値動きは、多くのプレイヤーにとって想定外なので、ボラティリティが大きくなりがちです。

こうした局面で考えるべきは、通貨ペアの選択です。株価急落が顕著なリスクオフの局面ですから、米ドル/円のよりも、クロス円でのショートのほうが効率よく落ちてくれます。しかし僕が選択したのは米ドル/円のショートでした。

通貨ペアの選定も優位性を考えよう

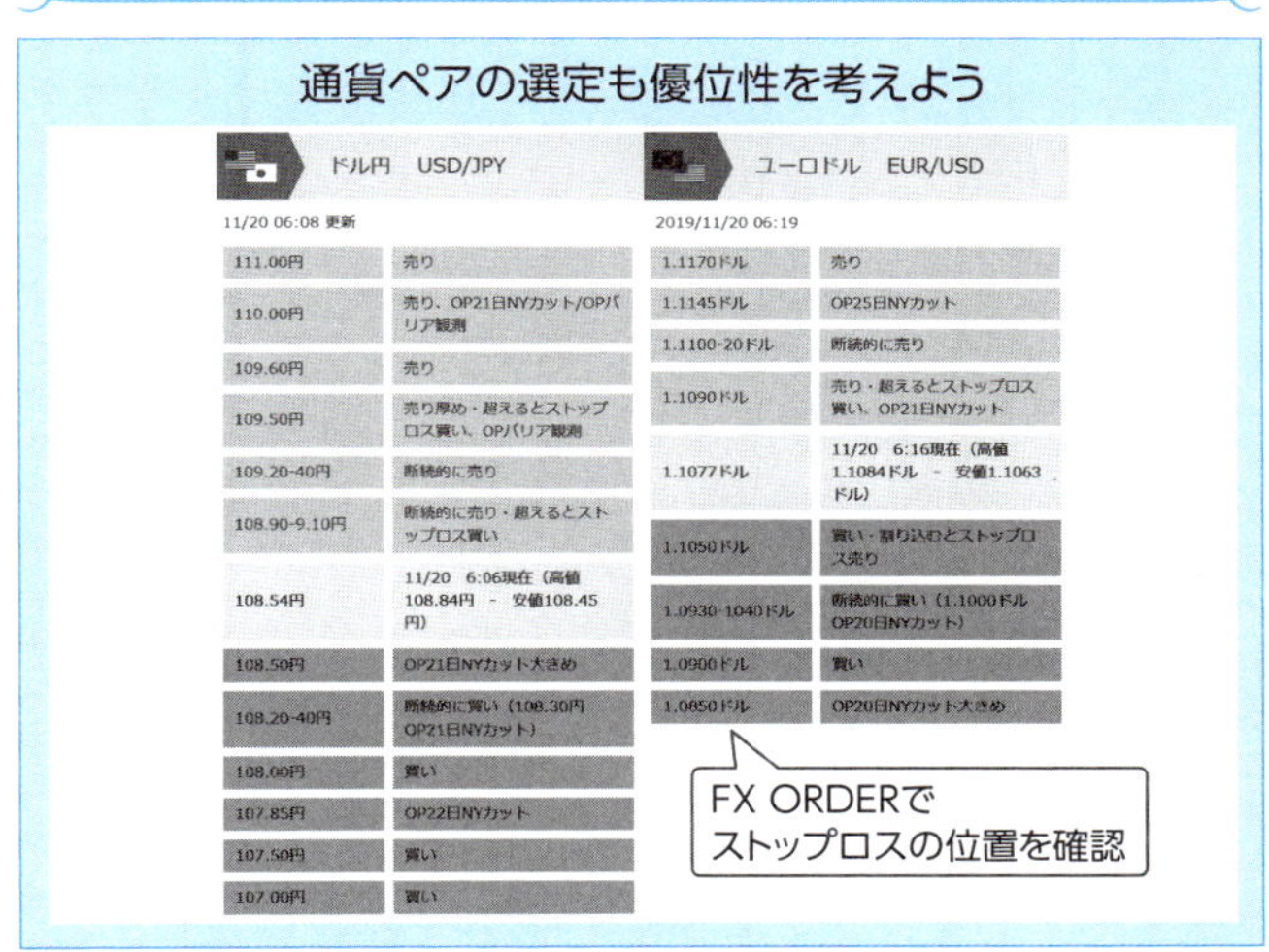

ドル円　USD/JPY

11/20 06:08 更新

111.00円	売り
110.00円	売り、OP21日NYカット/OPバリア観測
109.60円	売り
109.50円	売り厚め・超えるとストップロス買い、OPバリア観測
109.20-40円	断続的に売り
108.90-9.10円	断続的に売り・超えるとストップロス買い
108.54円	11/20　6:06現在（高値108.84円　-　安値108.45円）
108.50円	OP21日NYカット大きめ
108.20-40円	断続的に買い（108.30円OP21日NYカット）
108.00円	買い
107.85円	OP22日NYカット
107.50円	買い
107.00円	買い

ユーロドル　EUR/USD

2019/11/20 06:19

1.1170ドル	売り
1.1145ドル	OP25日NYカット
1.1100-20ドル	断続的に売り
1.1090ドル	売り・超えるとストップロス買い、OP21日NYカット
1.1077ドル	11/20　6:16現在（高値1.1084ドル　-　安値1.1063ドル）
1.1050ドル	買い・割り込むとストップロス売り
1.0930-1040ドル	断続的に買い（1.1000ドルOP20日NYカット）
1.0900ドル	買い
1.0850ドル	OP20日NYカット大きめ

理由を挙げるなら、まずひとつに米ドル／円のショートのほうがスプレッドが狭く、流動性もあるために、トレードの管理がしやすいからです。**ドルストレートと言われるドル建ての通貨ペアのほうがストップロスなども明確で、リスク管理上ロット数も多く持つことができるため優位性があると考えています。**

このショートをどこで閉じるか、拠りどころとしたのは単純な値幅です。日銀のマイナス金利導入前の米ドル／円の安値は、115円程度。それが日銀のマイナス金利導入で121・7円まで上がりました。**単純な話で、サプライズ目当てで買ったプレイヤーは値動きがその通りにならないとポジションを切ら**

ざるを得ませんから、同程度の揺り戻しが起きます。

米ドル／円は'16年2月8日の週には、110・937円まで下落。5月はじめには、105円まで落ちることになります。

この場合、マイナス金利導入後の翌週の111円割れで決済できればベストでした。材料というものは、時間が経てば経つほどマーケットに織り込まれていきますから、ボラティリティの高い時の1～2週間程度、しかもこの場合115円↓121・7円と約6・7円上げて、115円割れ↓111円割れと安値から4円ほど下げていて、ロングのプレイヤーを短期的にふるい落とすには、充分な値幅だったと思っています。

トレンドを読み間違えなければ、スウィングトレードだけでなく、デイトレードでも戻り高値で売ったり、ブレイクアウトで売ったりと、いろんな戦略が立てられます。デイトレであれスウィングであれ、日足のトレンドの把握は絶対に怠ってはいけません。

オーダー情報の使い方

僕がトレードを始める時、必ず確認するのがオーダー情報です。個人投資家のオーダーならばオアンダ。プロのオーダーならばトレーダーズ・ウェブが情報源となります。

僕が愛用しているアプリは、『ＦＸ ＯＲＤＥＲ』。ここではトレーダーズ・ウェブが公表している通貨ペアのオーダー情報を見ることができます。トレーダーズ・ウェブでは米ドル／円とユーロ／米ドルのオーダー情報は無料で公開されています。しかし、この２通貨ペア以外のオーダー情報は有料（月額２２００円）となってしまいます。僕自身は必要経費だと思って課金していますが、初心者の方は無理に契約する必要はないと思います。

気を付けるのは、「**ドル高方向に動くと、3通貨ペアすべてストップをつける**」ということです。

このオーダー情報から「市場がドル高方向に傾くと、ストップを巻き込んでドル高ト

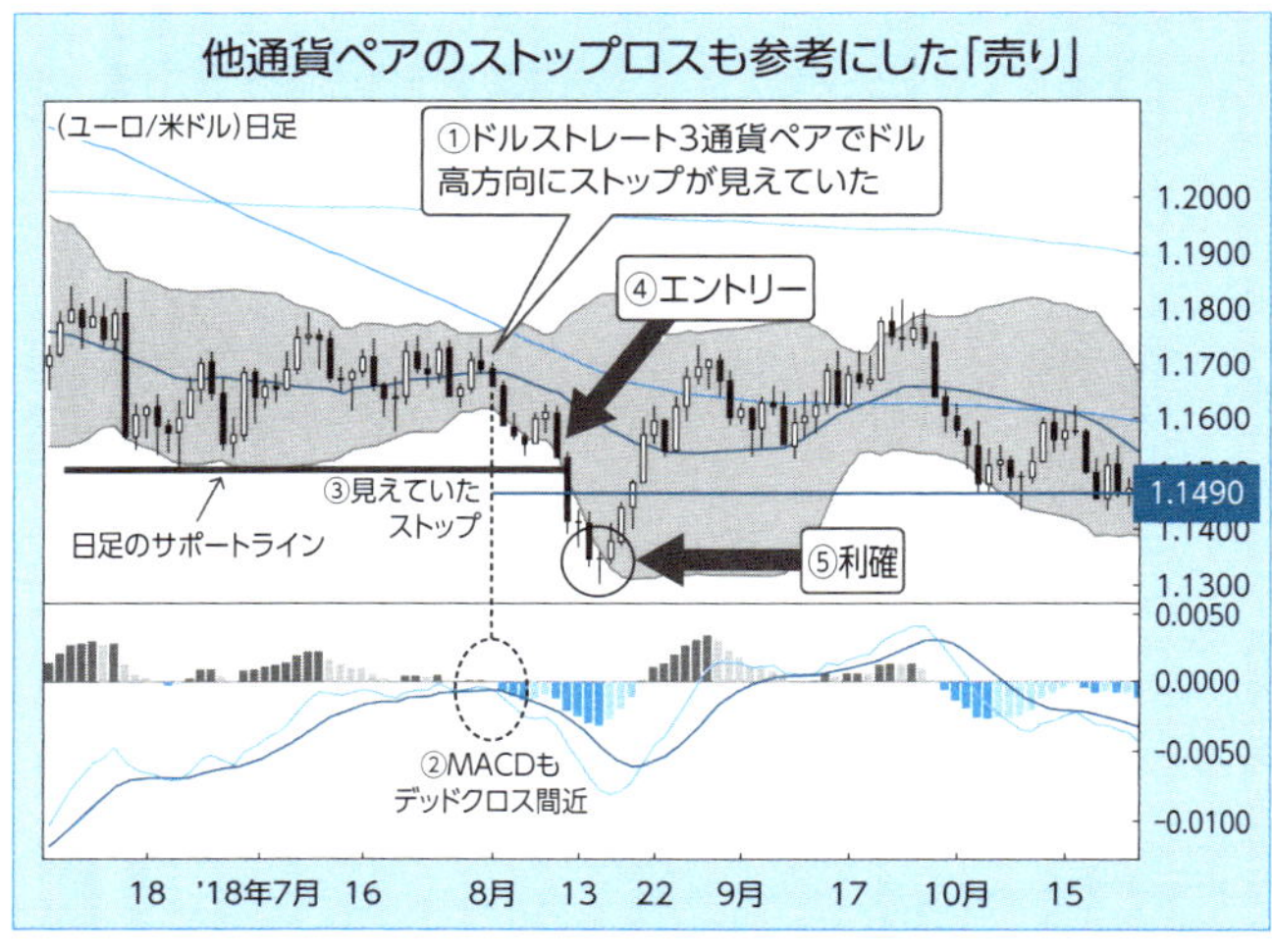

他通貨ペアのストップロスも参考にした「売り」

レンドになるだろう」という仮説（①）が立てられます。

日足のチャートでは3通貨ペアともに直近ではレンジながら、MACDはデッドクロスが近そうな形（②）をしていました。

時期は8月。「夏枯れ相場」という言葉がありますが、為替市場も8月は機関投資家勢が夏休みを取るせいか、ボラが出にくい時期です。実は僕自身もヨーロッパ旅行へ向かう予定がありました。

それでもポジションを持ったのは、日足の21日線が下向きに転じていたことや、ストップが多数見えていること（③）からランダム度が低下していたためです。

僕が取ったポジションは、ユーロ／米ドル、1・15台での売りです（④）。あとはトレンド方向にレートが動いて、ストップ狩りの動きが加速するのを待つだけです。

最初に見えていた1・1490のストップをつけたのは1週間後の8月10日。この時点では、さらに1・1400、1・1300と大台の節目にストップが出ており、3日後には1・1250のストップも確認できました。

ユーロVIXを見ると跳ね上がっており、ボラが高まっています。IMMの投機筋ポジションもロングに傾いていましたから、1・1250のストップを狩るような下落が期待できる状況です。決済したのは、思惑通り、1・1250のストップを狩った直後です（⑤）。

利下げの思惑によって売る通貨を決める

次は経済指標を絡めたトレード例です。

FedWatchで金融改革の織り込み度を測る

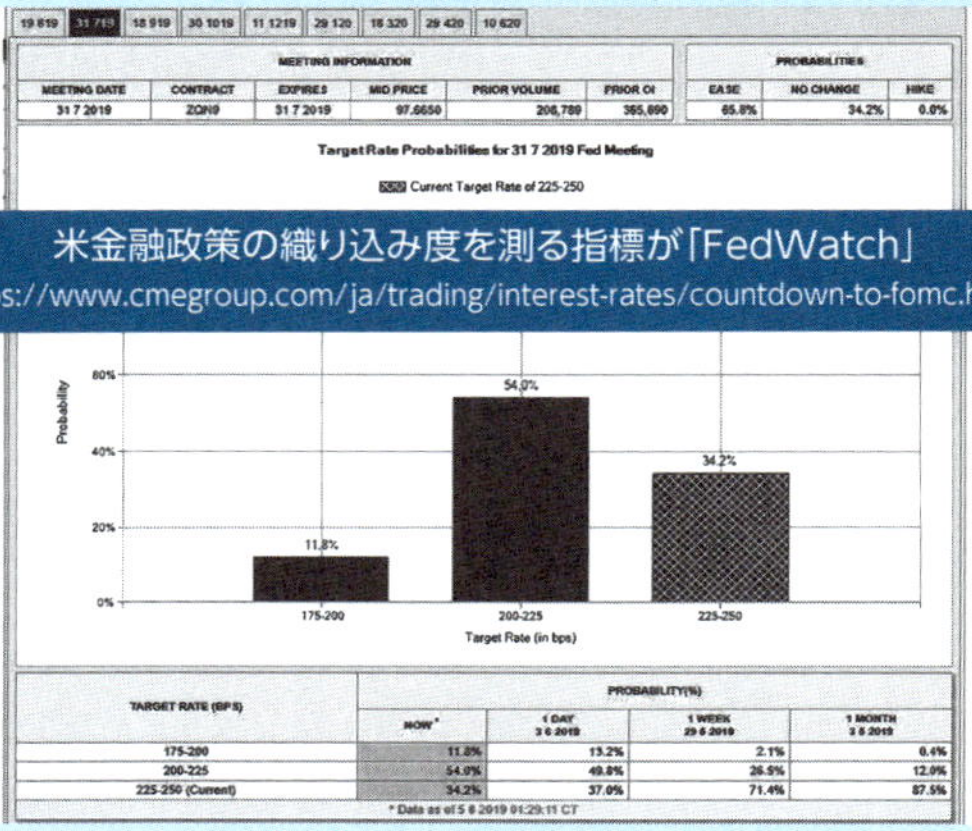

19 619	31 719	18 919	30 1019	11 1219	29 120	18 320	29 420	10 620

MEETING INFORMATION						PROBABILITIES		
MEETING DATE	CONTRACT	EXPIRES	MID PRICE	PRIOR VOLUME	PRIOR OI	EASE	NO CHANGE	HIKE
31 7 2019	ZQN9	31 7 2019	97.6650	206,789	365,890	65.8%	34.2%	0.0%

Target Rate Probabilities for 31 7 2019 Fed Meeting

Current Target Rate of 225-250

米金融政策の織り込み度を測る指標が「FedWatch」
(https://www.cmegroup.com/ja/trading/interest-rates/countdown-to-fomc.html)

Probability

60%
40%
20%
0%

54.0%
34.2%
11.8%

175-200
200-225
225-250

Target Rate (in bps)

TARGET RATE (BPS)	PROBABILITY(%)			
	NOW *	1 DAY 3 6 2019	1 WEEK 29 5 2019	1 MONTH 3 5 2019
175-200	11.8%	13.2%	2.1%	0.4%
200-225	54.0%	49.8%	26.5%	12.0%
225-250 (Current)	34.2%	37.0%	71.4%	87.5%

* Data as of 5 6 2019 01:29:11 CT

きっかけとなったのは、’19年６月のＥＣＢでした。

事前予想では、ＥＣＢに対して年内利下げの期待がありました。しかし、発表された声明文では「翌年上半期まで金利は据え置くと予想」となったのです。利下げ期待で売られていたユーロは買い戻されることになります。

実際の’19年６月のＥＣＢの発表時の値動きは次ページのチャートです。

チャートの横軸を考えた時に、’19年６月19日にＦＯＭＣがあり、ＦＲＢは政策金利を利下げ方向に転換したため、その日まで利下げ期待でドルが売られやすい状況でした。

ＦｅｄＷａｔｃｈを見ると、７月末までに

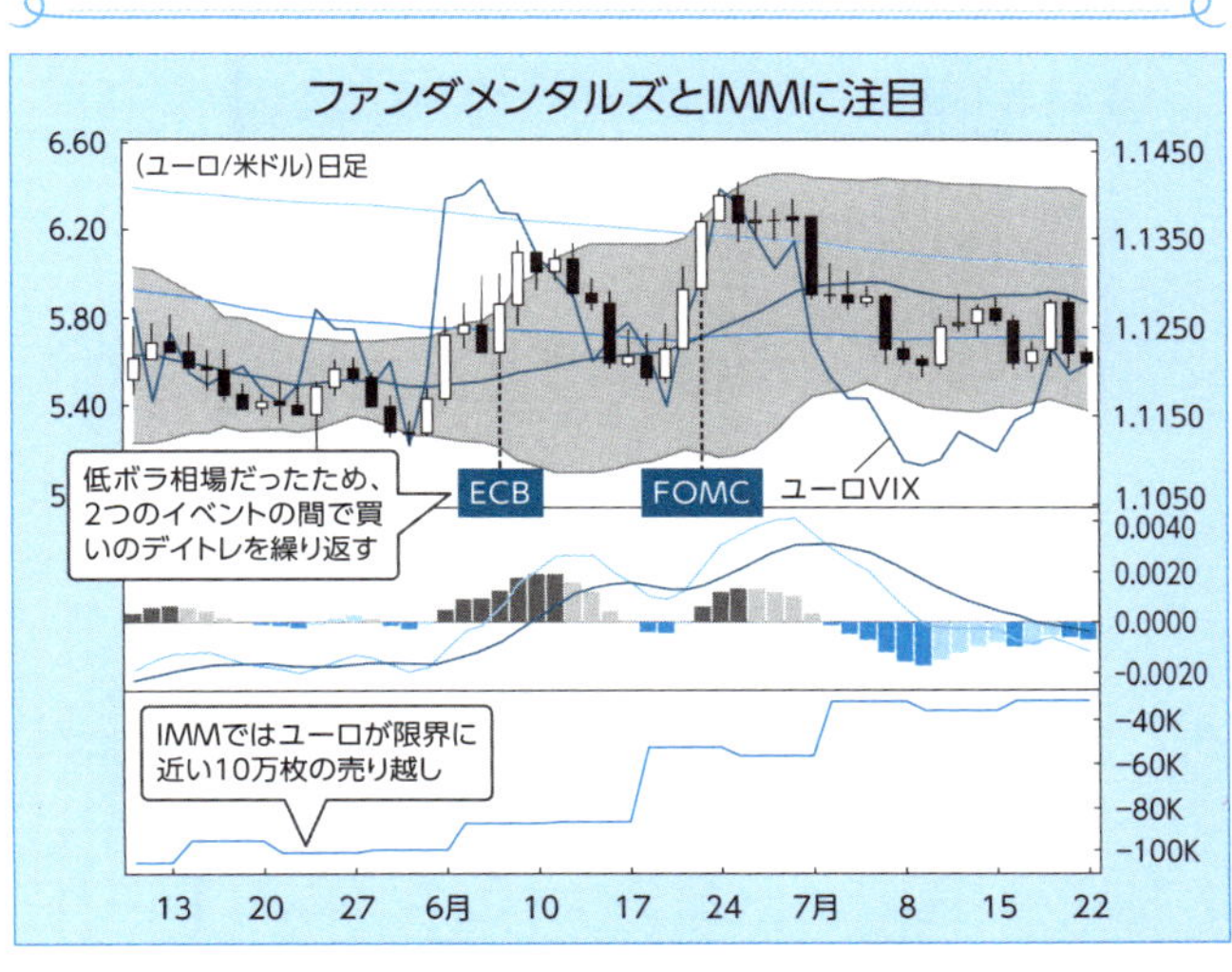

利下げが約65％の確率で行なわれるとマーケットが期待していることがわかります。

- **利下げが遠のいたユーロ→買い**
- **利下げが織り込まれていないドル→売り**

このファンダメンタルズを頭の中に思い浮かべた上で、実際に期待値の高いトレードができるかどうかをチャートや各種指標を見てシミュレーションします。

まずはユーロドルの日足をチェックしましょう。6月3日から上向きで、ショートカバーの踏み上げが起こっていることがわかります。各種移動平均線も200日線以外上向き

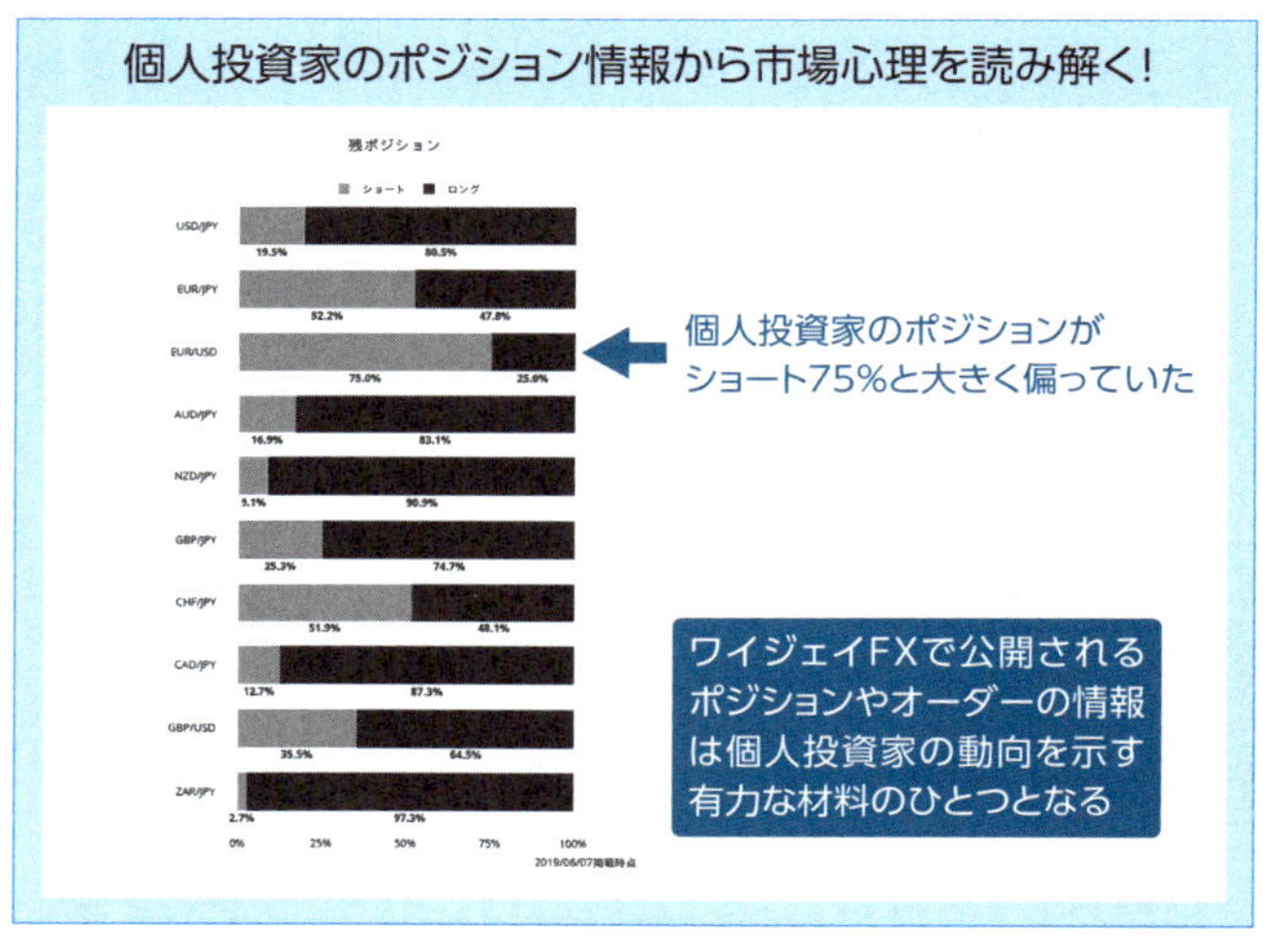

で、ＭＡＣＤも上昇傾向。

さて、この後に自分より高いレートで買ってくれる相手がいるかどうかを調べます。この時のユーロ／米ドルのマーケットのセンチメントは、すべてのＦＸ会社でショートに大きく傾いていました。

まだまだユーロ／米ドルのショートカバーは望めそうだと判断できます。売買比率がトレンドと逆転しているので、踏み上げ相場になれば仕方なくポジションを高値でクローズせざるを得ないプレイヤーがいますよね。

そして最後に実際のエントリーですが、ＥＣＢ直後に１・１３を頂点に押し目で何度かユーロ／米ドルをロングしてみました。

そんな状況のもと、米雇用統計を迎え、予

想よりも悪い数字となりました。

結果、ドルストレートは対円以外でいずれも売られて、節目をブレイクしていきました。ＥＣＢ高値を超えて、押し目買いのポジションが利益を伸ばしていることがわかります。

日足の２００日平均線が上にあったこと、ユーロＶＩＸが過去最低水準であったこと、この２つからあまり上値は望めず、１・１３５手前で利益確定を行ない、次はＦＯＭＣを待つというトレードになりました。

このようにファンダメンタルズと残ポジション比率に着目して、日足に対してポジションを取ることによって、有利にトレードを進めることができます。

「来週に控えたＦＯＭＣへの思惑で、ドル売りが継続しやすい」

こういったポジションの偏りや材料を見て、いち早く有利なポジションを取り、他のプレイヤーにババを引かせる。ＦＸはゼロサムゲームであり、一種のババ抜きであることを肝に銘じましょう。

エピローグ

「ＦＸのトレードで利益を出すには、対象商品のボラティリティを見る必要がある。ボラティリティの高まりにうまく乗れれば、大きく利益を伸ばすことができる」というのが、本書に通底するテーマです。

その一例として、通貨別ＶＩＸ指数を上げました。これが高い時にトレードをすると、ふたつのメリットを挙げられます。

①トレードにかかるコストを削減することができる
②ポジションの保有時間を減らすことができる

ＦＸでのコストは、スプレッドです。現在、主要ＦＸ会社では米ドル／円のスプレッドが０・２銭まで縮小しています。スプレッドはボラティリティが大きい時でも小さい時でも変わりません。

為替市場では1日に30pipsしか動かない日もあれば、150pips動く日もあります。いずれにせよスプレッドは0・2銭です。値幅が大きいほうがスプレッドコストの比率を小さくできることになります。

また、現代において情報が拡散されるスピードがすさまじい勢いで上がっています。ビジネスの世界でも調子のよかったスキームが陳腐化するサイクルは短くなっていますし、日常生活でも旬の話題の移り変わりの速さに驚くことは多いのではないでしょうか。

これは為替市場でも同様で、「材料が相場に織り込まれる速度」も速まっています。そのため、必要以上に長期保有でポジションを取る行為は、リスクが大きくなってしまいます。

FXにおけるポジションというものは、利益を出すための「在庫」のようなもの。利益が出ないポジションは「負債」です。必要以上に長い時間ポジションを持つことは「負債」を抱え続けているのと同じなのです。

金融市場は年々、ＡＩやアルゴリズムの台頭と相まって効率化が進んでいます。しかし、本書で紹介した「ＶＩＸ先物のバックワーデーション」や「通貨別ＶＩＸ指数」をチェックすることで、市場の非効率性が高い時を探しやすくなるはずです。

ＦＸでは分析方法に応じて「テクニカル派」や「ファンダメンタルズ派」などの分類があります。様々なスタイルはありますが、僕のスタイルをあえて言葉にするなら「ボラティリティ派」です。

ボラティリティと出来高には明確な相関関係があります。株のトレーダーが出来高に注目するのは珍しいことではありません。ストップ高やストップ安など株価が大きく動くとき、出来高は急増しています。

ところが、為替市場では明確な指標がないためか、出来高に注目が集まることはありませんでした。そんな為替市場でも通貨別ＶＩＸ指数を使うことで「ボラティリティが高まっている旬の通貨」を簡単にあぶり出すことができます。

皆さんもボラティリティに着目してトレードする「ボラティリティ派」を目指してみませんか?

ＦＸをきっかけに、僕が相場の世界に足を踏み入れてから10年が過ぎました。これからも相場とはうまく付き合いながら、心躍る場所に足を運び、好きな友人と酒を飲み交わしながら、生きていきたいと思っています。

それでは「世界最大のカジノ・外国為替市場」でまたお会いしましょう。

田畑昇人

田畑昇人（たばた・しょうと）
大学3年生からトレーディングを始め、わずか50万円を9か月で1000万円に。大学院在学中に刊行した『東大院生が考えたスマートフォンFX』は10万部を超えるベストセラーとなった。FXを始めとするトレードで生計をたてる。
公式ブログはhttps://shototabata.com

武器としてのＦＸ

発行日　2019年12月20日　初版第1刷発行
　　　　2020年 1月30日　　　第2刷発行

著者　田畑昇人

発行者　久保田榮一
発行所　株式会社 扶桑社
〒105-8070
東京都港区芝浦1-1-1　浜松町ビルディング
電話　03-6368-8870（編集）
　　　03-6368-8891（郵便室）
www.fusosha.co.jp

DTP制作　株式会社 Office SASAI
印刷・製本　サンケイ総合印刷株式会社
デザイン　panix
構成　高城 泰（ミドルマン）
図版　ミューズグラフィックス
帯イラスト　ヤマグチハル

ISBN978-4-594-08389-2